汉王朝颁发给西域羌人首领的

"汉归义羌长印"

西域族群作为中华民族血脉相连的同胞兄弟

一直在祖国母亲的怀抱中茁壮成长

永远和祖国在一起

新疆维吾尔自治区博物馆　编著

文物出版社

封面设计　张希广
　　　　　谭德毅
版式设计　谭德毅
责任印制　王少华
　　　　　张　丽
责任编辑　冯冬梅

图书在版编目（CIP）数据

永远和祖国在一起 / 新疆维吾尔自治区博物馆编著.
—北京：文物出版社，2012.1
　ISBN 978-7-5010-3310-2

　Ⅰ.①永… Ⅱ.①新… Ⅲ.①爱国主义教育—中国—
图集②民族团结—新疆—图集 Ⅳ.①D647-64②D633-64

　中国版本图书馆CIP数据核字(2011)第215439号

永远和祖国在一起

新疆维吾尔自治区博物馆　编著
出版发行　文物出版社
（北京东直门内北小街 2 号楼　邮政编码 100007）
http://www.wenwu.com　E-mail: web@wenwu.com
制版印刷　北京雅昌彩色印刷有限公司
经　　销　新华书店
开　　本　889×1194毫米　1/16
印　　张　10
版　　次　2012年1月第1版
印　　次　2012年1月第1次印刷
书　　号　ISBN 978-7-5010-3310-2
定　　价　160.00元

目　录

序〔一〕

新疆古称"西域"，历史悠久、地域广阔、民族众多、资源丰富，自古以来就是中华古国西部的疆域。作为古代连接亚欧大陆的重要枢纽，著名的"丝绸之路"贯穿其中，把古老的中华文明与古代美索不达米亚文明、埃及文明和印度文明紧密地联系在一起。因此，这里成为古代世界四大文明的荟萃之地，中华古老而灿烂的文明，通过丝绸之路源源不断地向西传播到世界各地，同样，世界各地优秀的古代文明在这里被广泛吸纳，形成多种宗教并存、多元文化一体的格局。

自公元前60年，汉王朝建"西域都护府"，作为中央政权在西域建立的最高军政机构，历代中原王朝都把西域置于自己政权管辖之下，即使中原王朝分裂割据的各个时期，各地方政权也与西域保持着密切的政治、经济和文化联系，仅从出土的汉王朝颁发给西域羌人首领的"汉归义羌长印"就足以说明：西域族群，作为中华民族血脉相连的同胞兄弟，一直在祖国母亲的怀抱中不断茁壮成长。

多民族居住、多种宗教并存、多元文化一体赋予了古代西域异常的丰富性和多样性，同时也体现了新疆在中华民族中的重要作用。大量珍贵而丰富的文化遗产真实地记录和再现了新疆历史的发展进程和沧桑巨变，反映了各民族的发展轨迹，凝聚着各族人民的智慧，是民族融合、社会发展和文化繁荣的有力见证。

　　为了进一步加强对新疆历史文化的保护、研究和利用，增强各民族群众对新疆的民族发展史、宗教演变史和新疆历史知识的了解，新疆维吾尔自治区博物馆推出了以"永远和祖国在一起"为主题的大型历史文物展览。希望通过展览，对社会大众，尤其是对广大的青少年起到良好的教育作用。展览立意新颖，内容丰富，形式创新，利用现代科技展示与传统展示手段的巧妙结合，向人们展示了一个历史悠久、积淀深厚的新疆，一个团结有序、多民族和谐的新疆，一个物产丰饶、社会稳定的新疆。

　　衷心地祝愿新疆的明天更美好！

　　祖国的明天更加繁荣富强！

新疆维吾尔自治区文化厅党组书记　韩子勇

序〔二〕

　　春风拂动，万象更新。正当全疆各族人民乘中央新疆工作座谈会的暖暖春风，奋力推进跨越式发展和长治久安，共同建设美好幸福家园之际，大型画册《永远和祖国在一起》隆重出版了。

　　由新疆维吾尔自治区博物馆举办的大型文物展"永远和祖国在一起"于 2010 年推出后，各界赞誉鹊起，观众反响热烈。《永远和祖国在一起》画册与展览相映默合，共分三大部分：一、在祖国母亲的怀抱中诞生；二、在中华多元文化的熔炉中成长；三、在丝绸之路的发展中繁荣。展示历史上的人物故事，对于我们今天正确认识历史，明晰当代社会发展的主流方向，形成自信、自立、自豪的文化核心价值观，有着非凡的积极意义。

　　让我们倘佯于历史长河中，共同领略博大精深的中华多元文化，共同享受精妙的中华传统文化带来的无穷魅力和愉悦心情吧。真挚希望今后有更多的文博工作者能不断推出更多更好的文物展览，繁荣文化，促进交流，提升品位，养育精神，这或许就是藏在我们视觉背后的精神意义。

新疆维吾尔自治区文物局局长　盛春寿

前　言

新疆历史悠久，地域辽阔，资源丰饶，民族众多。随着人类社会的发展，居住在这里的各族人民用勤劳和智慧构筑了多姿多彩的风土人情和独特的社会文化风貌。

新疆古代称之为"西域"，意喻为西部的疆域。自汉代张骞两次通使西域以来，密切了西域与中原之间政治、经济、文化的联系，公元前60年西汉王朝在西域设置最高军政机构——西域都护府，标志着西汉政府将西域正式纳入中央政权的统治之下。此后，随着朝代更迭，政权变更，西域时而陷入混乱割据局面，时而随着中原政权的统一获得稳定局势。然而，统一始终是主流。

"丝绸之路"这一连接东西方文明的桥梁和纽带，使新疆在久远的年代，就已经成为了国际贸易的大都会。这里商贾云集、佛经荟萃，随着"丝绸之路"的发展和繁荣，各种文化意识形态也相应传播开来，多民族融合聚居的局面也使得这里成为一个多种宗教形态共存、多元文化一体的地域，这种特点一直延续至今。

悠久的历史、多民族聚居的特点给新疆遗留下了丰富的历史文化遗存，它们一并构筑了新疆博大精深的文化体系，为人们认识新疆、了解新疆提供了生动形象的物证。新疆博物馆作为一个综合性的省级博物馆，多年来一直致力于对新疆民族发展史、新疆宗教演变史和新疆历史知识的传播，结合新疆博物馆作为国家级爱国主义教育基地这一平台，我们充分发挥文物不可替代的资源优势，在弘扬"热爱伟大祖国、建设美好家园"的活动中，陆续开展了以加强民族团结教育为主题的系列展览，使新疆的各族各界群众走进博物馆，近距离地了解新疆地区灿烂的古代文明。"永远和祖国在一起"就是新疆博物馆在承担社会责任、发挥文物资源作用、创新博物馆功能建设方面推出的一项全新的民族团结教育文物展览。

展览运用大量文献资料与新疆各地出土的文物精品，内容翔实丰富，展陈语言通俗易懂，充分利用现代科技手段，生动活泼，集知识性、趣味性、娱乐性为一体。以祖国与新疆在政治、经济、文化方面多层次的广泛联系和深刻交融为主线，通过重大历史事件展示古代西域的发展历史，通过对典型历史人物、历史事迹的陈述，说明西域与祖国各族人民共同奋斗、抗击外侵、维护祖国统一、建设美好家园的历史。充分运用具有广泛影响力的历史神话传说，来说明西域与祖国各族人民在思想文化意识诸领域的久远联系与深刻认同。以具有说服力的精品文物等为基点，展示西域包容、吸纳世界四大古文明多元因素建立开放、创新西域文化的历程。使观众更深刻地铭记新疆悠久灿烂的历史文化以及新疆与祖国密不可分的关系。

在历史的发展长河中，新疆各民族之间、新疆各民族与祖国人民之间早已形成了团结共融、血肉相连的关系。新疆与祖国同呼吸、共命运也是不争的事实。新疆博物馆将一如既往地致力于各民族历史文化的宣传展示教育，加强对青少年、社会各族人民的爱国主义教育，为祖国大家庭的和谐、各民族大团结发挥应有的作用。

新疆维吾尔自治区博物馆馆长　侯世新

第一篇　在祖国母亲的怀抱中诞生

　　新疆古称"西域"，地处祖国西北边陲，亚欧大陆腹地，面积 166.49 万平方公里，占国土面积的六分之一，陆地边境线 5600 公里，周边与蒙古、俄罗斯、哈萨克斯坦、吉尔吉斯斯坦、塔吉克斯坦、阿富汗、巴基斯坦、印度八个国家接壤，是古丝绸之路的重要通道。新疆的地理概貌可谓是"三山夹两盆"，以汉字"疆"来作形象比喻，即：右边的"三横两田"是擎天昆仑、巍峨天山和神秘阿尔泰山横向排列，夹持着塔里木和准噶尔两大盆地。左边的"弓"字代表新疆长达数千公里的边境线。

　　新疆是我们美丽的家园。冰峰雪岭高耸蓝天，原始森林傲立山涧，美丽草原牛羊肥壮；河流、湖泊流淌神奇，沙漠戈壁神秘莫测，片片绿洲瓜果飘香，还有光怪陆离的地质奇观等，构成诗情画卷般的境域。千百年来多民族聚居，多元文化交融，留下众多珍贵的文化遗产，使这里拥有梦幻般传奇，充满神秘魅力。

　　新疆自古就是中国不可分割的一部分，历史文化研究和考古文物的发现，多方面印证了新疆与祖国千丝万缕、无法割舍的联系。

我国最大的现代冰川区

　　新疆分布着我国最大的现代冰川区——天山，天山冰川是新疆最大的固体水库。每年夏季来临之时，大小冰川和山中积雪消融，大量的融水奔泻而下，汇入阿克苏河、木扎提河、伊犁河等河流，滋润着天山南北广袤的绿洲。

唯一的南西伯利亚动植物分布区——喀纳斯自然景观保护区

　　"喀纳斯"是蒙古语，意思是"美丽富饶而神秘莫测"，喀纳斯自然景观保护区是以喀纳斯湖为中心建立的"国家级自然景观保护区"，总面积 5588 平方公里，位于新疆维吾尔自治区阿勒泰地区布尔津县境内北部。喀纳斯是我国唯一的南西伯利亚动植物分布区，也是我国唯一的西伯利亚泰加林景观延伸带，是新疆针叶树种和野生动植物保护最完整的林区。

典型的雅丹奇观

"雅丹"是维吾尔语"陡壁的小丘"之意，雅丹地貌以新疆塔里木盆地罗布泊附近的雅丹地区最为典型而得名，是在干旱、大风环境下形成的一种风蚀地貌类型。由于罗布泊地区常年风多风大，天长日久，土台下沟壑纵横，土丘星罗棋布，鳞次栉比。夕阳映衬下，土台变幻出各种姿态，时而像一支庞大的船队，气势雄伟；时而又像无数条鲸鱼，在沙海中翻滚腾舞，摇尾嬉戏；时而又像座座楼台亭阁；时而又像古寨城堡。置身于扑朔迷离、深邃幽静的土台群中，满目皆是神秘、奇特、怪异的景象，使人浮想联翩，流连忘返。

最大的原始胡杨林

胡杨是干旱荒漠区唯一珍稀的大乔木树种，它们耐寒、耐热、耐碱、耐涝、耐干旱。胡杨的生长期漫长，受风沙和干旱的影响，很多胡杨树造型奇特、诡异。胡杨树还有"活三千年不死，死三千年不倒，倒三千年不朽"之称。胡杨林既阻挡了塔克拉玛干大沙漠北移及干热风的袭击，同时也治服了叶尔羌河横流泛滥的野性，是荒漠区人民赖以生存的宝树。

新疆沙雅县保存了最原始、最完整的胡杨林，沙雅塔里木河流域是世界上天然胡杨林面积最大、分布最集中的地区，有340余万亩，获得了吉尼斯认证。

鄯善库姆塔格沙漠

沙漠与绿洲轮廓清晰、层次分明、色彩对比强烈，凸显了新疆自然风光的大气壮美。

最大的瓜果产地

　　新疆有着辽阔的地域，适宜的气候，复杂多样的地貌和土壤，因而不仅风光旖旎，而且特产资源十分丰裕。在群山峻岭、绿洲戈壁之间，有着数不尽的"粮仓"、"肉库"、"油盆"、"煤海"。周恩来总理生前曾赞誉新疆为祖国的"一块宝地"。在这块宝地上，拥有近331万公顷耕地，1000多万公顷可垦荒地。新疆日照长，光热资源丰富，昼夜温差大，水资源也较充足。对瓜果糖分的制造和积累十分有利，所产瓜果特别甘美爽口，因而新疆素有"瓜果之乡"之称。目前新疆是我国瓜果种植面积最大、品种和品质均居前列的地区。

楼兰古城遗址

　　楼兰古城遗址位于新疆维吾尔自治区若羌县罗布泊西岸。楼兰是古代西域重镇，通往丝路南道的要冲。楼兰城废弃后，湮没在茫茫沙漠之中。由于史料上没有明确记载它的方位，千百年来，楼兰已成为历史上的一个谜。直到1900年春季，瑞典探险家斯文·赫定在罗布泊西部探测时发现古城遗址，后经发掘，才证实此地就是楼兰古城。

　　楼兰古城遗址中出土过多种文物，有汉五铢钱、贵霜王国钱币、唐代钱币、汉文和佉卢文残简、丝、毛织品残片、漆器、木器、玉器、铜器、料珠、金银戒指、耳环以及玻璃器皿碎片等。楼兰古城遗址对研究中西交通、东西文化交流和我国古代边疆与内地的联系等历史问题，均有着重要价值。

（图片提供：新疆维吾尔自治区文物局）

楼兰民居

尼雅遗址

尼雅遗址位于新疆维吾尔自治区民丰县境内尼雅河下游尾闾地带、塔克拉玛干大沙漠腹地。

近百年的尼雅遗址考古，尤其是1991~1997年中日合作考察，调查并发现了许多重要古文化遗迹和珍贵遗物，为尼雅遗址聚落的考古学研究，以及尼雅河流域考古学基础研究及编年，提供了重要的材料。尼雅考古工作还使消失千余年的死文字——佉卢文重见天日，为古代西域语言学研究领域增添了新的内容。尼雅考古调查、发掘的收获与成果，有力地推动了西域史、丝绸之路史、历史地理及古代东西方文化交流史等诸多领域研究的深入。

1996年，尼雅遗址由国务院公布为第四批全国重点文物保护单位。

（图片提供：新疆维吾尔自治区文物局）

保存最完好、建造方法最奇特的
古城——交河故城

　　交河故城是世界上最大最古老、保存最完好的生土建筑城市，也是我国保存2000多年最完整的都市遗迹，唐西域最高军政机构安西都护府最早就设在这里。

　　这座古城修筑在两条古河床交叉环抱，高30多米的黄土台地上，是公元前2～5世纪由车师人开创和建造，在南北朝和唐朝达到鼎盛，9～14世纪由于连年战火，交河城逐渐衰落。元末察合台时期，吐鲁番一带战乱频仍，交河城毁损严重，废弃。

　　古城遗址保存完好，南北长1600余米，东西最宽处约300米，分为寺院、民居、官署等部分。古城总面积47万平方米，现存建筑遗迹36万平方米。城中道路纵横，建筑鳞次栉比，佛寺、居住址依稀可见，采用"减地留墙"之法从高耸台地向下削挖而成。对研究新疆古代城市建筑具有重要价值。

（图片提供：新疆维吾尔自治区文物局）

高昌故城

　　高昌故城位于新疆维吾尔自治区吐鲁番市东约40公里的阿斯
塔那村东、哈拉和卓村南。是古代西域交通枢纽，亦为古代新疆
政治、经济、文化的中心地之一。高昌城始建于魏晋时期，历时
1400余年，于元末明初荒废。高昌故城曾是高昌王国的都城。其
规模宏大，十分壮观，总面积200万平方米，是古代西域留存至
今最大的故城遗址。1961年，高昌故城由国务院公布为第一批
全国重点文物保护单位。

最早的石窟艺术——克孜尔石窟

克孜尔石窟位于新疆维吾尔自治区拜城县东南约60余公里处，属于古龟兹国境内。是全国开凿最早的石窟，也是新疆地区影响最大的佛教石窟之一。其壁画内容之丰富，数量之庞大，延续时间之长在我国现存石窟中居首位。

（图片提供：新疆维吾尔自治区文物局）

最大的地下水利工程——坎儿井

　　"坎儿"是维吾尔语，意思是"地下"。坎儿井历史悠久，早在2000年前就已经出现了。在《史记》、《汉书》中对其均有记载，时称"井渠"。它是生活在新疆的各族劳动人民根据当地的气候，水文特点创造出来的一种地下引水工程，每当夏季来临时，北部天山的融雪和雨水流回盆地，并很快渗入戈壁地下变为潜流，使戈壁下面的含水层加厚，水储量增大，从而为坎儿井提供了丰富的水源。

　　新疆大约有坎儿井1600条，其中以吐鲁番最多最集中，据统计，吐鲁番的坎儿井共有1158条，总长约5000公里。坎儿井堪称中国古代最伟大的地下水利工程之一，被称为"地下运河"，并与横贯东西的万里长城、纵贯南北的京杭大运河合称为我国古代三大工程。

（图片提供：新疆维吾尔自治区文物局）

第一章　命脉相连

新疆自古就是祖国大家庭中的成员

新疆与中原地区的密切联系由来已久，这已经被文献和出土文物所证明。自汉代开始，中央政府就已经在西域各地设立建制，并直接进行管辖了。

公元前138年，汉朝派遣张骞出使西域，联合西域民族共同夹击匈奴，由此揭开丝绸之路的新篇章。公元前121年，汉军大败驻牧在河西走廊一带的匈奴军队，先后设置武威、张掖、酒泉、敦煌四郡，并移民屯田，打通了中原与西域的通道。公元前107 年，西汉与伊犁河流域的乌孙政权和亲，结成了抗击匈奴政权的政治联盟。公元前101年，西汉王朝在天山南部的轮台、渠犁等地设"使者校尉"驻兵屯田，后改称"护鄯善以西使者"，这是中原政权在西域地区设置最早的管理机构。公元前60年，设置"西域都护府"作为中原派驻西域的最高军政机构，治理西域全境，委任郑吉为首任都护，驻乌垒城（今轮台县境内）。公元前48年，将原驻西域的"使者校尉"改为"戊己校尉"，专司屯田，直属中央。西域各地的首领和主要官吏均接受西汉赐予的印绶，东汉时期沿用了这一政策。西域都护府的设立，标志着西汉开始在西域行使国家主权，新疆成为中国统一多民族国家的组成部分。

东汉时期曾在西域先设"西域都护"，后置"西域长史"，继续行使对天山南北各地的军政管辖。三国时，曹魏政权继承汉制，在西域设

汉疆域图

脱西克吐尔烽燧遗址

汉（公元前206～220年）

　　位于孔雀河北岸200多米的戈壁滩上。平面略呈方形，上边长约7、下边长约10、残高约9米。烽燧南正中有门，烽燧体内空，有一直达烽燧顶的斜坡状黄土堆积，似烽燧梯。四周地势平坦，视野开阔。

　　汉王朝为了有效管理和护卫西域，沿孔雀河沿岸，从库鲁克山的兴地山口起，沿山前坡地、孔雀河北岸西行，直到尉犁县县城东北的喀拉洪村，在东西长达150公里的范围内修筑了11座与脱西克吐尔烽燧造型大体相同的烽燧。汉烽燧对维护丝绸之路的畅通和天山以南的社会稳定发挥了重要作用。

克孜尔尕哈烽燧

汉（公元前 206 ～ 220 年）

　　位于库车县伊西哈拉乡西北，盐水沟口的东岸台地，附近有克孜尔尕哈石窟寺。

　　烽燧残基底平面呈长方形，东西长约 6、南北宽约 4.5 米。由基底往上逐渐收缩呈梯形，残高约 13 米。为夯土结构建筑。

"戊己校尉"，驻高昌（今吐鲁番市），后又置"西域长史"，对西域各地进行管理。西晋末年，前凉政权设立高昌郡，这是第一次将郡县制推行到了西域。北魏王朝也曾设置鄯善镇、焉耆镇，加强对西域的治理。

隋炀帝即位之初，就派遣吏部侍郎裴矩到张掖、武威主管与西域的互市，了解西域民情。608年，隋军进驻伊吾，建筑城郭，设鄯善（今若羌县）、且末（今且末县西南）、伊吾（今哈密地区境内）三郡。

630年，西突厥的伊吾（今哈密市）城主率所属七城归顺唐朝，唐朝设西伊州（后改称伊州）。640年，唐军击败高昌麴氏王朝，于该地置西州，又于可汗浮图城（今吉木萨尔县）设庭州。同年在高昌设安西都护府，这是唐朝在西域建立的第一个高级军政管理机构，后迁至龟兹（今库车县），改置为安西大都护府。唐朝打败西突厥后，统一了西域各地，于702年在庭州设置北庭都护府，后又升为北庭大都护府。唐玄宗年间，唐朝又在两大都护府之上设"碛西节度使"，是当时全国八大节度使之一。

唐朝中央政府对西域各地实行的是汉藩分别管理制度，即在汉民集中居住的伊州、西州和庭州等地，采取与内地一样的行政、经济、军事

巴里坤大河古城遗址

唐（618 ～ 907 年）

　　位于巴里坤县城北 15.5 公里的大河乡东兴渠村。平面呈方形，周长 1140 米，城垣残高 10 米，有东西并列的主城和附城，主城西城垣开门，有角楼和马面；附城垣南北开门，东墙垣中部有一瞭望台。初建于唐代，是安西都护府下属的军屯机构，唐景龙年间伊吾军的驻屯城。

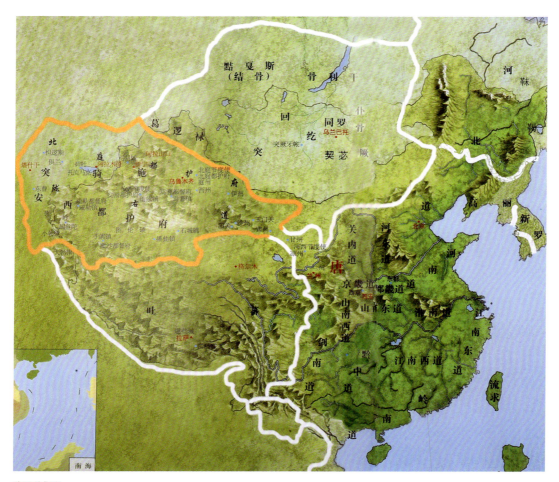

唐疆域图

与教育制度；在非汉民聚居区，则设置"羁縻府州"，即继续维护当地本民族首领的行政管理制度，冠以唐朝都护、都督、州刺史的名号，允其以旧俗治理其部众。同时，还在龟兹、于阗、疏勒、碎叶（一度是焉耆）设军事建制，史称"安西四镇"。

　　五代宋辽金时期，因中原地区诸朝争夺统治权而无暇顾及西域，西域出现了几个地方政权并列的局面。其中主要有高昌回鹘、喀喇汗王朝和于阗国等地方政权，它们都同中国内地诸王朝保持着密切关系。北宋初建，高昌回鹘就派遣使者42人前往北宋进贡方物。喀喇汗王朝的统治者就自称"桃花石汗"，意即"中国之汗"。1009年，占领于阗地区的喀喇汗王朝派出使臣向北宋（960～1127年）进献方物。1063年，北宋册封喀喇汗王朝可汗为"归忠保顺碃麟黑韩汗王"。于阗政权也与中原联系密切，938年，于阗国王李圣天曾被后晋封为"大宝于阗国王"，

北庭西大寺

唐（618~907年）

　　位于吉木萨尔县北庭故城遗址上。故城平面呈不规则的长方形，有内外两重：外城始建于唐初，周长约5000米；内城居于外城内，是高昌回鹘时期所建。城垣夯筑，有马面、敌台、角楼和城门，环以护城壕。城内官署、街市建筑依稀可辨。在汉魏时期曾是戊己校尉驻地，是唐代北庭都护府治所，后为回鹘高昌陪都，又称"别失八里"。北庭作为唐代北疆的一座名城重镇，是当时的政治、军事、经济、文化和交通中心。元代在此设"宣慰司"、"行尚书省"和"元帅府"等重要机构，明初逐渐废弃。

后来于阗使臣、僧人向宋朝进贡不断。

　　1218年，成吉思汗完成了对天山南北的政治统一。元政权初期设立了"达鲁花赤"（蒙古官名，意为镇守官），在"别失八里等处行尚书省"等军政管理机构，对西域进行军政管辖。元朝建立后，在吐鲁番地区设立提刑按察司，后来又在吐鲁番等地建立交钞提举司（印钞机构）和交钞库等机构，设置"别失八里元帅府"，总管该地的屯垦事务，并派兵到和阗、且末等地屯田，在别失八里（今吉木萨尔县境内）设立冶场"鼓铸农具"。在畏兀儿（元朝称回鹘为"畏兀儿"）地区实行"计亩输税"。1406年，明朝设立了哈密卫，任用哈密当地的世族首领为各级官吏统辖当地军政事宜，维持中西商贸通道之安全。

元疆域图

1757年，清朝平定蒙古准噶尔部叛乱；1759年，平定大、小和卓叛乱，巩固了对西域各地的军政统辖。1762年，设立"伊犁将军"，统一行使对天山南北各地的军政管辖，驻地惠远城（今霍城县境内），分设都统、参赞、办事、领队大臣管理各地军政事务。清朝政府依据"因俗施治"的原则，对天山北部汉、回族居住区实行郡县制管理；在伊犁地区和天山南部维吾尔族中维持当地的"伯克制"，伯克（地方官吏称号）的任免权归于中央，且严格实行政教分离；对蒙古族和哈密、吐鲁番地区的维吾尔族则实行"扎萨克（蒙古语音译，意为支配者）制"，即册封王、贝子、公等世袭爵位。清朝统治时期，新疆的社会经济得到了稳步的发展。

1840年鸦片战争以后，新疆受到沙俄等列强的侵略。1877年底，左宗棠率清军陆续收复了阿古柏侵占的天山南北诸地。1881年初，收复

清疆域图

伊犁。1884年，清政府正式在新疆建省，并取"故土新归"之意改称西域为"新疆"。新疆建省是清朝政府对历朝各代治理新疆的一次重大改革。自此，由巡抚统管全疆各项军政事务。新疆军政中心由伊犁移至迪化（今乌鲁木齐市）。至1909年，新疆省下辖4道，道以下共隶有6府、10厅、3州、21个县或分县，新疆行政建置与内地完全一致。

综上所述，自汉朝于公元前60年在新疆设"西域都护府"之后，中国历代中央政府都对新疆进行军政管辖。虽然由于历代统治时强时弱，中央政府对新疆地区的管辖也时强时弱，但新疆各族人民积极维护与中央政府的关系，为中华民族大家庭的形成和巩固作出了自己的贡献。

八龙纹金带扣

西汉（公元前206～公元25年）

长9.5、宽6厘米　重50克

焉耆县博克达沁古城金圪垯墓葬出土

　　模压捶揲成型，镶嵌多颗宝石。扣面凸显1条大龙和7条小龙，群龙戏水，在急流中翻腾跳跃，或隐或现，充满着动感。龙身多处镶嵌绿松石。龙身花纹和水波纹用金丝焊接而成，其间满缀小金珠。带扣是古代男子腰带上的扣合器，这件金带扣靠近前端有穿孔，并装有活动扣舌，用以扣住腰带。当时，金带扣在权贵阶层中广为使用，这件金带扣可以说是件难得的精品。

　　龙是汉文化的一个象征，是皇权天授的标志。八龙纹金带扣作为一种珍贵的礼品是由汉王朝赏赐给当时的焉耆王的。

　　金带扣可以看作当时西域与中原地区文化交流的产物，也是张骞凿空西域开辟东西交流的丝绸之路后，西域纳入中国版图，中央王朝对西域有效统治的明证。

"李崇之印信"铜印

西汉（公元前 206 ~ 公元 25 年）

边长 1.4、通高 1.3 厘米

沙雅县裕勒都斯巴克出土

铜印为正方形，鼻纽。印文为阴刻篆书"李崇之印信"五字。

自汉宣帝至新莽，先后任西域都护者凡 22 人，其姓名见诸史册者有郑吉、韩宣、甘延寿、段会宗、廉褒、韩立、郭舜、杜建、但钦、李崇等人。李崇是王莽时期的西域都护。

汉归义羌长印

汉（公元前206年～220年）

边长2.3、高3.5厘米

沙雅县玉奇喀特遗址出土

　　铜印、正方形、卧羊纽。纽与印座之间有一圆形孔，以穿绶佩戴之用。印文为阴刻篆文"汉归义羌长"五字。根据《汉书·西域传》的记载，西汉时期，西域都护府管辖50余小国，对这些小国的君、侯、王等，中央政府都配绶汉印。而"归义"是汉中央政府给予归附的少数民族首领的封号，所以该印是一枚颁发给羌族首领的官印。

司禾府印

东汉（公元 25~220 年）

边长 2、通高 1.6 厘米

民丰县尼雅遗址采集

炭精制，正方形，桥形纽。印文为正书阴刻篆书"司禾府印"四字（印后成反文）。印文方正平稳，浑厚古朴，反映了汉代篆书的特点。

自汉代在西域设立都护府以来，西域各地的屯田事务均由都护掌管，先后设置了校尉、都尉，专门领统各地的屯田。东汉明帝永平十六年（公元73年），就曾在伊吾屯田，并设置宜禾都尉。驻军屯田是汉代在西域最重要的管理措施，但关于"司禾府"以及在尼雅河流域的精绝国是否实施过屯田，史书并无记载。这枚官印的发现，说明东汉在尼雅一带屯田并设有专司屯田事务的机构。

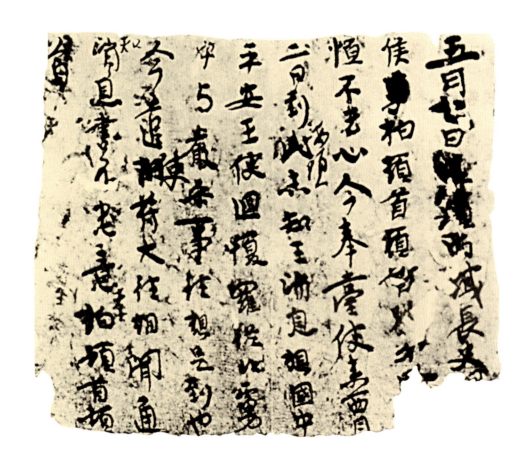

李柏文书

东晋（316~420年）

长23、宽39厘米

若羌县楼兰遗址出土

　　李柏是西晋驻西域的最后一任长史，驻兵楼兰。西晋灭亡后，李柏归依前凉张骏，续任前凉西域长史，封关内侯。《李柏文书》就是写给焉耆国王的信函。其中两封是完整的，另外还有39片残片，只言片语中，可以看出有些是前凉张骏讨伐高昌（今吐鲁番市）的晋戊己校尉赵贞时，为了安抚与高昌邻近的各国而写的。

　　1909年3～4月日本大谷探险队队长桔瑞超，在楼兰古城发现了此文书。

"蒲类州之印" 铜印

659年

边长 5.6、通高 3.8 厘米

吉木萨尔县北庭故城出土

铜制，印为正方形，桥形纽。印文为篆书"蒲类州之印"五字，凿刻。

唐高宗（李治）显庆二年（657年），唐朝平定西突厥可汗阿史那贺鲁之乱以后，在天山以北及中亚地区均普遍设立了都护府、都督府和州，统归安西都护府管辖。并于显庆四年（659年）唐朝政府对所建立的府、州"各级印契，以为征发符信"。蒲类州（州址在今奇台县境内）就是此次平定阿史那贺鲁之乱后建立的府、州之一。此枚"蒲类州之印"铜印很可能就是这次颁发的。铜印的发现也是唐朝统一西域的历史见证。

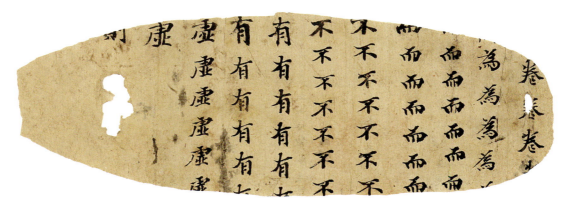

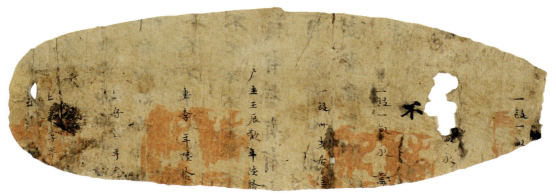

西州蒲昌县王辰欢等户籍

唐（618~907 年）

① 长 17、宽 14.5 厘米；

② 长 26、宽 9 厘米

吐鲁番市阿斯塔那墓地 67 号墓出土

吐鲁番户籍残页的发现，证明了当时大唐西州户籍制度落实的情况。

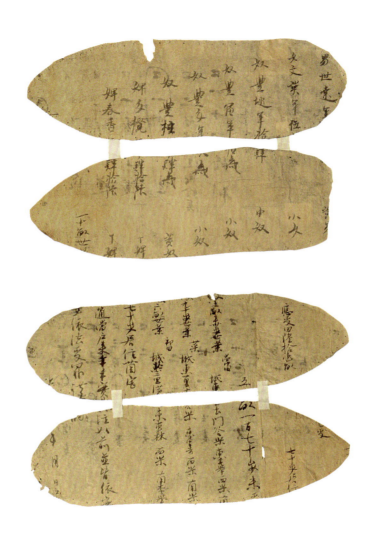

贞观年间西州高昌县手实、
贞观某年男世达户籍

唐（618~907 年）

①长 31.5、宽 10 厘米；②长 32、
宽 10 厘米；③长 31、宽 10 厘米；
④长 29.5、宽 10.5 厘米

吐鲁番市哈拉和卓墓地 39 号墓出土

手实是唐代在基层官吏的监督下居民自报户口、田亩以及本户赋役承担
情况的登记表册，是制定计账和户籍的主要依据，每年填报一次。

北庭都护支度营田使文书

唐（618~907 年）

长 26、宽 20.5 厘米

吐鲁番市阿斯塔那墓地 226 号墓出土

残损严重，存文 8 行。安西都护府和北庭都护府是唐王朝在西域地区设置的两个最高行政管理机构，二者分别管理着今新疆天山南北地区各类事务，在捍卫唐朝西北边疆安全、维护丝绸之路畅通、促进中西文化交流、推动民族融合等方面，都曾发挥过巨大的作用。

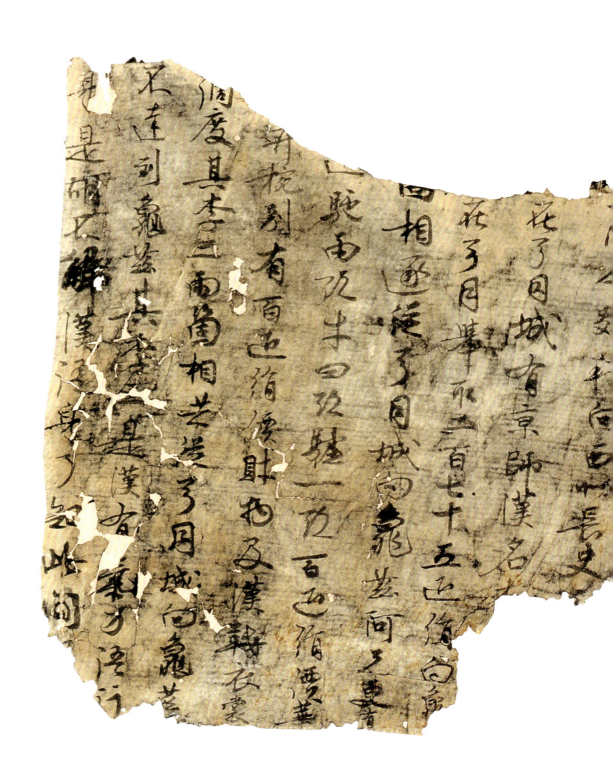

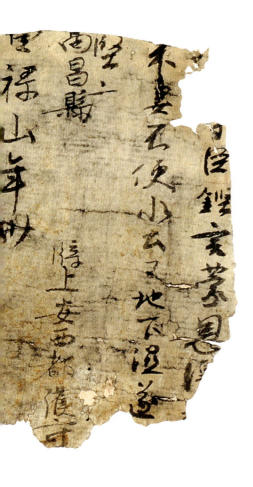

唐西州高昌县上安西都护府牒稿为录上讯问
曹禄山诉李绍谨两造辩辞事

唐（618～907 年）

长 39、宽 29 厘米

吐鲁番市阿斯塔那墓地 61 号墓出土

本件是从纸鞋上拆出，残存 8 段，墨书 73 行。每段前后均残损，上下也不完整，但基本内容清楚。这是审理双方为借贷引起的纠纷案件，由西州受理并交高昌县审讯，高昌县结案后上报的牒文稿。文中记述了原告曹禄山向西州长史控告被告李绍谨：在弓月城（今伊宁市附近）向其兄曹炎廷借了 275 匹绢（丝织品），从弓月城前往龟兹（今库车县）贸易。其兄曹炎廷也带着绢、牲畜和其他财物与李一同前往。但后来只有李一人到达龟兹，"唯兄不来"，即其兄去向不明。李绍谨就想赖账，不承认借绢之事，曹禄山因之与李"构架"（打架），并且告之官府。高昌县经过多次审讯查实，李终于供出实情并答应清还本利。从曹炎廷一次借贷 275 匹绢，以及曹本人又携带绢和价值二百匹绢的财物进行贸易，反映出当时丝绸之路的盛况。更为重要的是，它还记录了早在 1000 多年前我国唐代无论军事的或是民事的政权机关，从今天新疆东部一直到新疆西部，都在有效地行使职权的情况。

第二章 历史故事

历史见证

在中国历史上，为了维护、加强西域与内地的联系，内地与西域各族人民都为此作出了卓越的贡献，涌现出了许许多多可歌可泣的英雄事迹，他们有不屈的英雄，也有和亲的公主；有戎马一生的将领，也有忍辱负重的部族。兹举几例，与读者共享。

① 血脉相系　代代相传——弟史与绛宾的故事

中国的汉代与西域民族关系史上，细君和解忧公主远嫁乌孙王的故事许多人都知道。但解忧公主儿女们的故事，可能还没有被人们广泛传扬。其实，他们继承父辈的弘志，继续从事着促进内地与西域世代友好的事业。

《汉书·西域传》载，解忧公主的大女儿名叫弟史，汉宣帝时解忧公主送她到京城长安学习音乐。学成后返回西域，路过龟兹的时候，爱好音乐、崇尚汉文化的龟兹王绛宾被弟史的音乐才能深深折服，便请求她留在龟兹，并派人向解忧公主提亲，弟史就这样与绛宾喜结良缘。后来，解忧公主上书，请求汉帝让弟史以宗室身份入朝，龟兹王绛宾也上书说自己娶了汉朝的外孙女，与汉宣帝论辈份是兄弟，也请求与她一起入朝。元康元年（公元 65 年），他们来到长安，汉宣帝高规格地接待了

弟史学琴

他们，赐予了印绶，还馈赠了他们车骑旗鼓、歌吹数十人，丝绸珍奇宝物数千件，并留他们在长安居住了一年。后来，龟兹王绛宾与夫人弟史曾数次去汉朝京都，学习汉朝的服饰礼制和文化。回西域后，不顾多方指责，积极推广汉文化，营造宫室、规划道路、礼乐演奏等，积极学习汉家礼仪。绛宾去世后，他的儿子丞德也自称是汉朝的外孙，成帝、哀帝时曾多次来贺，汉室对他也礼遇有加，亲密异常。

弟史与绛宾的故事发生在汉室设立西域都护府、加强对西域管理的前后，他们对促进汉朝与西域交往起到了积极的推动作用。

② 投笔从戎　正义浩然——班超毕生护西域的故事

西汉末年，朝廷势衰，无暇西顾，西域各国便惨遭匈奴迫害；东汉甫立，西域各国便纷纷遣使上书，请求保护。班超生逢其时，成就了一生事业。

《后汉书·班超传》载，班超从小志向远大，不拘小节；涉猎广泛，能言善辩。不甘心抄书为生，便"投笔从戎"，要效仿傅介子、张骞，立功西域。公元73年，班超随奉车都尉窦固出兵西北扫荡匈奴，官拜行军假司马，不久打了胜仗。窦固很欣赏他的能力，就派他和从事官郭恂一起在西域办理外交事宜。

出使鄯善时，班超明显感觉到鄯善王的态度变化，认定是匈奴使从中作梗，便以"不入虎穴，焉得虎子"的精神主动出击，斩杀匈奴来使，坚定了鄯善王归附东汉的决心。这样，班超在西域屡建奇功，使东汉政府很快恢复了西域都护府等政治和军事建置。但这种稳定的局面没有维护多久，汉明帝去世，国内政事变化，东汉政府招班超回朝。班超所在的西域疏勒国忧恐异常，都尉黎弇说："汉使弃我，我必复为龟兹所灭耳。诚不忍见汉使去。"因以刀自刭。当到达于阗时，"王侯以下皆号泣曰：'依汉使如父母，诚不可去'。互抱马腿，不得行"。班超被西域人民的赤诚所感动，回想起当年投笔从戎的抱负，毅然调转马头，回到了疏勒，与当地人民一起修筑城防，防备匈奴的进犯。班超的努力，使西域诸国免受了匈奴、龟兹的欺压，赢得了"开西域，置都护"的良好局面，最终官拜定远侯。

班超在西域生活了31年，与各民族建立了深厚的友情。他70岁高龄时才从西域回归故里，第二年就与世长辞了。西域各地人民听到这个消息，无不悲痛。他们连连给朝廷上书，请求把班超的儿子班勇再派回西域，继续领导西域人民过上不受侵扰，安居乐业的生活。东汉皇帝满足了西域人民的热切愿望。命班勇为西域长史。班勇到西域后，为西域人民作了许多好事，西域人民像拥戴班超一样拥戴他。

③ 护疆有责　勇挑重担——护疆宿将阿史那·社尔的故事

阿史那·社尔是唐初著名的少数民族军事将领。在他任职期间，为捍卫西域的安宁，维护祖国统一，作出了很大的贡献。

阿史那·社尔是西突厥处罗可汗的次子，少年时即以智勇双全、廉慎知足闻名部落。唐太宗贞观二年（628年），阿史那·社尔曾乘西突厥内乱，一度成功，自立名号都布可汗。然而，后来在与薛延陀、西突厥的争战中失利。贞观十年（636年），他率领部落进关，唐太宗任命他为左骁卫大将军，安置在灵州。不久，娶皇妹南阳公主，与唐宗室建立了姻亲关系。高昌王麴文泰勾结西突厥，截断了唐朝通往中亚的交通线，抢劫商队，迫害使节，严重破坏了中西关系。贞观十四年（640年），阿史那·社尔为交河道行军总管，随吏部尚书侯君集率兵灭高昌。贞观二十年（646年），与李道宗共为瀚海安抚大使，与执失思力、契苾何力等，灭薛延陀，震撼西域，回纥、拔野古等铁勒十一部相继归附，唐朝北部边境从此得到安定。贞观二十一年（647年），阿史那·社尔被任命为昆丘道行军大总管（昆丘即昆仑山），与唐朝名将契苾何力、郭孝恪等五位将军，率领铁勒十三部以及部分突厥的骑兵讨伐追随西突厥叛唐的龟兹。历时两年，最终攻破龟兹。至此，唐朝控制了西达葱岭(今帕米尔高原)的广大地区，开辟了通往西域的南路交通要道，天山以南的各族人民过上了和平的生活。

在阿史那·社尔身上，体现了李世民民族政策的胜利，展示了中华民族团结一致与维护和平的传统美德。

④ 公主和亲　命脉相连——唐朝四位公主远嫁漠北回纥的故事

从唐政府与周边少数民族的关系来看，回纥与唐政府自贞观三年（629年）双方建交以来，一直保持着和睦而又相互支持的密切关系。

这种密切关系的一个重要体现便是双方相互和亲。和亲始于"安史之乱"之后，首先由回纥公主嫁给唐朝宗室。至德元年（756年），葛勒

唐太和公主与回鹘王
举行婚礼的场面

可汗出嫁可敦妹于唐朝敦煌王，肃宗封其为王妃。唐朝则先后有四位公主和亲回纥，即唐肃宗皇帝的女儿宁国公主（嫁与英武威远可汗）、肃宗皇帝的族妹小宁国公主（陪嫁英武威远可汗，后嫁英义建功可汗）、德宗皇帝的女儿咸安公主（嫁与长寿天亲可汗）和穆宗皇帝的妹妹太和公主（嫁与崇德可汗）。

其中至德三年（758年）宁国公主出嫁可汗是中国历史上中原皇帝嫁亲女给边疆民族首领的第一次，突出体现了彼此间的独特关系。宁国公主以平叛大局为重，毅然远嫁老可汗，虽两年后归国，但其大度勇敢的牺牲精神深深折服了回纥君臣。杜甫有诗"人怜汉公主，生得渡河归"（《即事》中"汉公主"指的就是她）。咸安公主所嫁的，就是那位请求把"回纥"改为"回鹘"的"长寿天亲可汗"顿莫贺。咸安公主在大漠生活了21年，经历了四位可汗，为唐朝和回鹘的友谊贡献了自己的一生。白居易有《祭咸安公主文》和《阴山道》诗，所祭咏的就是这位咸安公主。《旧唐书》中记载了太和公主嫁到漠北与回鹘可汗举行盛大婚礼的隆重场面。婚礼前，回鹘可汗选择吉日，册封太和公主为回鹘可敦，在举行婚礼的时候，"可汗先升楼东向坐，设氈幄于楼下以居公主，使群胡主教公主以胡法。公主始解唐服而衣胡服，以一妪侍，出楼前西向拜。可汗坐而视，公主再俯拜讫，复入氈幄中，解前所服而披可敦服，通裾大襦，皆茜色，金饰冠如角前指，后出楼俯拜可汗如初礼。虏先设大舆曲扆，前设小座，相者引公主升舆，回鹘九姓相分负其輿，随日右转于庭者九，公主乃降舆升楼，与可汗俱东向坐。自此臣下朝谒，并拜可敦。可敦自有牙帐，命二相出入帐中。证等将归，可敦宴之帐中，留连号啼者竟日，可汗因赠汉使以厚赆。"太和公主在大漠生活了20多年，这段时间回鹘内忧外患，天灾人祸交加，盛极一时的回鹘旋即崩溃，而太和公主也因战乱得返。

和亲在客观上加强了回纥的内向力，促进了回纥与唐之间的经济文化交往。

⑤ 回鹘西迁　重建家园——回鹘西迁的故事

回鹘，又称"回纥"，是中国古籍对维吾尔族先民的称呼，意思是"联合、结合、同盟"。回鹘是中国古老的民族之一。7世纪初开始崛起，摆脱了突厥人的统治。唐贞观三年（629年），回纥遣使贡唐。贞观二十年（646年），回纥配合唐军攻灭了薛延陀政权，并率众归唐，唐在其部设立燕然都护府（后改为瀚海都护府）。天宝二年（743年），回纥可汗骨力裴罗率部击破后突厥汗国，翌年被唐玄宗封为"奉义王"。此后，回纥继突厥之后成了漠北草原霸主。他们曾参与平定"安史之乱"，颇受唐朝皇室垂青。贞元三年（787年），回纥可汗顿莫贺上书，请求改"回纥"为"回鹘"，取"捷鸷如鹘"之意，唐德宗允准其请求，还册封顿莫贺为"长寿天亲可汗"，从此"回鹘"便取代了"回纥"成为该族的汉语名字。

9世纪30年代起，汗国内争不已，加之连年饥馑，终于在开成五年（840年）外部强族黠戛斯10万人入境，漠北回鹘汗国解体，被迫迁移图存。回鹘诸部溃散，向西迁徙分三路：一路投奔吐蕃，定居河西甘州，成为后来"甘州回鹘"的主体，成为今天裕固族的祖先；一路投奔"安西"，建立了以吐鲁番地区为中心的高昌回鹘政权；一路西奔迁葱岭西楚河一带，称葱岭西回鹘，建立了喀喇汗王朝。其中高昌回鹘政权，经济发展，文化发达，先后崇信摩尼教、佛教和基督教等多种宗教，在东西文化交流中发挥了重要作用，考古发现了大量回鹘文宗教经典、世俗文书以及雕塑壁画和拼音活字遗物，都证明了这一点。喀喇汗王朝是回鹘联合葛逻禄、样磨等当地少数民族或部落建立起的一个政权，其王称"桃花石汗"，意即"中国之汗"，在10世纪皈依伊斯兰教、吞并于阗李氏王朝之后达于极盛。喀喇汗王朝非常注重与中原政权的关系，1009年，喀喇汗王朝派出使臣向宋朝进献方物；1063年，宋朝册封喀喇汗王朝可汗为"归忠保顺砺麟黑韩王"。

回鹘西迁，进入天山南北地区，填补了唐朝、吐蕃之后西域的权力空白，有效地维持了西域社会的稳定，保障了经济与文化发展，并且逐步发展成为后来新疆的主体民族——维吾尔族。

⑥ 不畏艰险　壮烈东归——土尔扈特部东归的故事

土尔扈特是我国蒙古族一个古老的部落。早在明朝末年，他们中的大部分人离开塔尔巴哈台故土，迁徙到当时尚未被沙皇俄国占领的伏尔加河下游，建立起游牧的土尔扈特汗国。迁徙后的100多年里，土尔扈特人始终保持着与清朝政府的关系。汗国强盛时，与沙俄保持着地位平等的关系。沙俄强大以后，就千方百计胁迫他们俯首称臣。

土尔扈特人不堪忍受沙俄残酷的双役与压迫，决意东归。1771年1月4日，土尔扈特汗王渥巴锡发起总动员，点燃了土尔扈特人心中奔向光明的火焰。1771年1月16日，汗王渥巴锡带头点燃他们的木制宫殿，破釜沉舟，带领16万族人义无反顾地踏上回归祖国的征程。途中打退了沙俄、哥萨克和哈萨克等军队不断的围追堵截，战胜了严寒、疾病和沙漠，历时半年多，行程万余里，克服了难以想象的艰难困苦，承受了极大的族人牺牲，于当年7月20日回到祖国境内，终于实现了东归壮举。为纪念这一壮举，乾隆皇帝亲自撰写了《土尔扈特全部归顺记》和

土尔扈特部东归图

《优恤土尔扈特部众记》两篇碑文，并以满、汉、蒙、藏四种文字镌刻。

土尔扈特部回归的英雄壮举，创造了举世闻名的民族大迁徙的奇迹，震动了当时的中国与西方世界。正如英国作家德昆赛所说："从最早的历史纪录以来，没有一桩伟大的事业能像上个世纪后半期一个主要的民族（指土尔扈特人）跨越亚洲无垠的草原东返祖国那样轰动于世界和激动人心的了。"(德昆赛著《鞑靼人的反叛》)此东归壮举，一方面充分表现了中华民族不畏强暴、反抗压迫剥削与酷爱和平自由的光荣传统，另一方面也充分证明了我国自汉唐以来"因地制宜"、"因俗施治"之民族政策的感召力和凝聚力。

⑦ 爱国义举　忠心义胆——额敏和卓的故事

额敏和卓（1694~1771年），清代初期生活在吐鲁番的维吾尔首领，曾随清军平定大小和卓的叛乱，被封为郡王。

清朝初年，吐鲁番地区被蒙古准噶尔部占领。康熙五十九年（1720年），清朝平定准噶尔的大军到达吐鲁番，额敏和卓毅然脱离准噶尔，归顺清朝。雍正九年（1731年）准噶尔部再次进攻鲁克沁，他带领维吾尔族群众配合驻守清军坚守40多天，后又多次抗击准噶尔部侵扰。乾隆二年（1737年），清军征讨准噶尔，他带领300名维吾尔族壮丁随军出征，沿途侦察敌情，充当向导，一直打到伊犁，被封"镇国公"。乾隆二十三年（1758年），清朝出兵平定大小和卓叛乱，额敏和卓被命为参赞大臣，和定边将军兆惠并肩杀敌。他忠心耿耿，英勇杀敌，屡建功勋，备受乾隆皇帝的信任和恩宠，授以"多罗贝勒"，加恩晋封郡王。平叛之后，额敏和卓留驻叶尔羌，管理当地维吾尔人的事务，安置流民，兴办水利，开垦荒地，征收赋税，为当地社会的安定和生产的恢复做了大量工作。

晚年时，额敏和卓感念清朝的知遇之恩，便与儿子花费巨资建起了一座高塔，塔碑两面分别用汉文和维吾尔文刻写碑记，表达对真主安拉和清朝皇帝的感激。此塔即苏公塔，又叫额敏和卓报恩塔，是我国现存最大的伊斯兰砖塔。

额敏和卓是一位杰出的爱国者，他的一生是传奇的一生，他为维护祖国统一、民族团结、推动边疆地区的农业生产作出了巨大的贡献。

⑧ 维护统一　意义深远——左宗棠收复失地的故事

左宗棠（1812~1885年）是湖南湘阴人，在西域遭受沦陷时，他克服万难，坐镇陕甘，收复西域失地，并威慑沙俄归还伊犁。他维护祖国统一大业的功绩，可与张骞、班超齐名。

19世纪末，俄国、英国把侵略的魔爪伸向天山南北。清同治四年(1865年)，阿古柏率兵侵入南疆；同治十年，俄国又乘机出兵占领伊犁。对此，孱弱的清政府内出现了"海防"与"塞防"之争。左宗棠强调"重新疆者，所以保蒙古，保蒙古者，所以卫京师"，力主收复新疆。同治十四年5月，清廷任命左宗棠为钦差大臣，督办新疆军务。左宗棠制定了"先北后南"的战略部署，以"先迟后速，缓进急战"的八字方针，拉开了军事行动的帷幕。同治十五年8月，发起北疆战役，占领迪化（今乌鲁木齐市），收复了除伊犁以外的北疆地区；4月，清军攻取达坂城，接着攻克吐鲁番城，打开了进军南疆的门户。阿古柏看大势已去，服毒自杀。同治十六年9月，发起南疆战役，先后攻克了库车、阿克苏、乌什、叶尔羌、英吉沙尔及和田等地，南疆全复。左宗棠又上书朝廷，力陈收复沙俄侵占的伊犁，并在新疆建省。为威慑沙俄，左宗棠将自己的棺材运到哈密，以示血战到底的决心，最终迫使沙俄归还了伊犁。

左宗棠收复新疆，在我国近代史上是一件有重大历史意义的事件。国力衰弱之际，捍卫了祖国领土的完整，显示了中华民族抵抗外侮的决心和力量，也促进了新疆地区经济、文化的发展。

收复失地

第二篇　在中华多元文化的熔炉中成长

　　我们祖国是由 56 个民族组成的大家庭。不同民族，不同语言，不同的宗教信仰，构成多姿多彩的中华多元文化。新疆各民族文化在历史发展中相互吸引、交流、融汇，在包容、吸纳世界四大文明的养分中，练就了豁达广阔的胸襟和开拓创新的睿智。新疆的多元文化是在中华文化的发展过程中逐渐成熟、壮大的；又在构筑中华文化参天大树般的雄姿中，显示出自己独特的魅力。

柯尔克孜族的姑娘

牧民

逛巴扎的维吾尔族女人

哈萨克族牧民搭建毡房

哈萨克阿肯弹唱

第一章　美妙神话连接东西
远古新疆与祖国的共同记忆

　　神话代表了一个民族走出蛮荒的初始意识。在中华多姿多彩的神话文学园地中，昆仑神话一直是其基本内涵和主线之一。

　　从昆仑神话中，我们能够清晰地感受到，从远古时代起中原大地就与西域有着千丝万缕的联系，"昆仑神话体系早已构成中华民族起源的主题意识"，它已深刻地贯穿、渗透到人类社会生活各个方面，成为中华文化的母体和民族瑰宝。

一、伏羲与女娲——祖先崇拜的遗风

　　伏羲女娲创造人类的神话故事早在汉代以前就已在中国内地流传。至汉代，伏羲女娲神像在画像砖上出现最多。二位神仙的上身呈现身着汉装的男女人形，下身却是一条长尾。这两位形象怪异的男女神像往往以对应关系出现，他们的尾部常呈交缠状，有的画像中间有小型人像出现，表达人之创生的奥秘。到了唐代，在新疆吐鲁番地区古代墓葬中，也出现了大量伏羲女娲画像。这些画像从总体造型风格上看，与祖国中原自战国、汉代以来的伏羲女娲像有承继关系，但在人物细部描述及装扮上，又表现出唐代的文化风尚。更有意思的是，吐鲁番发现的伏羲女娲像中，还有一类表现出民族文化的特色，伏羲和女娲的面部特征被描绘成深目高鼻的胡人形象。无论是汉妆还是胡风的伏羲女娲像，他们都是一个持规，一个拿矩，意示着"没有规矩不成方圆"，而且四周漫布日月星辰，表达人类世界的根脉与自然天象的深刻而广袤的联系。这些意味深长的画卷出现在新疆，说明新疆古代各民族居民，在人之根脉的续接——祖先崇拜方面达到了认知上的深刻统一。

新疆发现唐代胡人风格的伏羲女娲像

唐（618～907年）

长221.5、上宽105.5、下宽80.9厘米

吐鲁番市阿斯塔那墓地19号墓出土

新疆发现唐代汉风伏羲女娲像

唐（618～907年）

长209、上宽104、下宽83厘米

吐鲁番市阿斯塔那墓地40号墓出土

左侧画像在继承中原画风的同时，将伏羲女娲描绘为深目高鼻的胡人。汉风、胡韵两种风格同时出现，说明新疆古代各族居民，对祖先创生文化认知的统一。

二、东王公与西王母

东王公与西王母的神话，在我国汉代流传最广。汉代典型的画像砖、铜镜纹样、织锦图案中，以东王公和西王母为题材的主题常有所见。这个神话主题，既蕴含着古代东

新疆民丰县发现织有东王公、西王母画像的锦帽及展开图

汉晋时期（公元 25 ~ 420 年）

高 24、口径 30 厘米

民丰县尼雅遗址出土

帽上织制的人物，是中国古代神话传说中的东王公和西王母。

方辩证哲学的神奇智慧，同时更预示着中原与西域不可分离的深刻内在原因。

东王公在中国道教神话中，是由先天阳气凝结而成的男神之祖；西王母则是由先天阴气凝聚而成的女神之母。东王公居住在东方蓬莱仙岛，掌管春天。春天万物生发以草木返青为标志，所以东王公又称木公。西王母则恰恰相反，她居住在西方昆仑山，掌管秋天。秋天万物凋零，死亡临近，唯有西王母有起死回生的神药。这样，东王公与西王母就成为宇宙自然结构中不可分割的整体。提取其文化符号的特质即：阴－阳；生－死；不死药－重生。

有意思的是，中国历史上往往把活动在西域的狄羌族女首领称作西王母，并广泛流传周穆王、汉武帝等会见西王母的故事。这样，神话与历史结合，意识与现实重构，昭示出中原与西域文化对立统一的必然。

三、人与生命树

中原文化与西域少数民族文化具有不少同质同构现象，尤其是在一些神话传说中，更能凸显两种文化的相似性，其中关于"生命树"的传说便是一例。相传，商朝开国君主成汤最为有力的辅佐之臣伊尹便是出生于空心桑树之中。无独有偶，回鹘也有类似的天光照射大树神婴出生的故事。

《吕氏春秋·本味篇》："有莘氏女子采桑，得婴儿于空桑之中，献之其君。其君令烰养子，察其所以然曰：其母居伊水之上，孕，梦有神告之曰：臼出水而东走，毋顾。明日，视臼出水，告其邻，东走十里而顾其邑尽为水，身因化为空桑，故命之曰伊尹，此伊尹生空桑之故也。"

而据《元史》记载，回鹘居住的地方有两条大河（今蒙古人民共和国境内的鄂尔浑河、色楞格河），两河交汇的地方并排生长着两棵大树。有一天，树中间冒出了一个土丘，有一道亮光从天而降，照在土丘上，土丘慢慢长大。看着这种情景，人们怀着敬畏的心情走进土丘观察。每天晚上，都有一道天光照射在那座土丘三十步周围的地方。后来，土丘裂开了，中间有五个帐篷，每个帐篷里坐着一个孩子，吃着奶。帐篷里还挂着一张银网。部落的首领非常吃惊，以为他们是神，都向这几个孩子膜拜。孩子长大刚开口说话时，问自己的父母是谁？人们就带他们到两棵树前说，这两棵树就是你们的父母，你们是树的儿子。

从以上西域少数民族中流传的"生命树"神话与中原地区古代"生命树"神话相联系，说明西域与中原内地在强调人与自然关系的和谐等方面存在着认同的一致性，即具有共同的母体意识。

第二章 多元文化汇聚一体

　　新疆自古以来就是多民族集聚的地方。各民族文化在碰撞中交融、演变、发展，凸显出多姿多彩的壮丽画卷。世界四大古文明在这里交汇，不同族群在交往中逐渐融合，形态各异的文明因素在相互包容和理解中创新，多样性生存状态并存，不同的语言文字、宗教理念、文化艺术展示各自独特魅力，并相互影响、激荡，如熔炉燃起熊熊烈焰，使各民族精神在此过程中得到提炼和升华。

一、不同族群聚集发展

　　新疆特殊的地理环境，使这里自古就是多民族集聚的地区。在不同族群的人种构成中，蒙古人种、欧罗巴人种以及两大人种混合类型的古代居民，都曾经活跃在这片神奇的土地上，使不同族群的文化特色，也反映在文化主体体质特征的差异方面。比如新疆出土文物中有许多表现不同历史时期当地文化艺术创作的人物肖像。这些肖像虽然是艺术品，但从中也可以探寻、分析出当时当地居民体质人类学特征的一些情况，以及不同区域居民种族特征的差异。

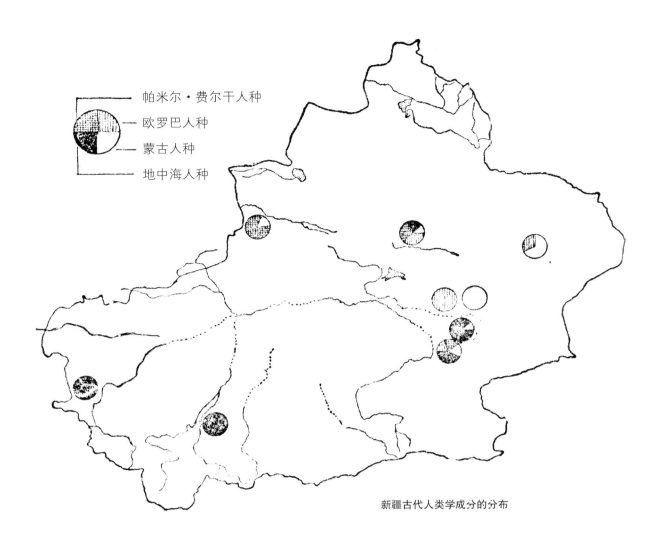

帕米尔·费尔干人种
欧罗巴人种
蒙古人种
地中海人种

新疆古代人类学成分的分布

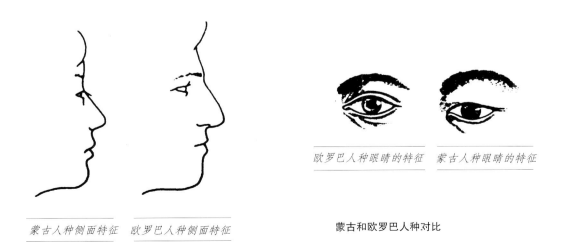

蒙古人种侧面特征　*欧罗巴人种侧面特征*

欧罗巴人种眼睛的特征　*蒙古人种眼睛的特征*

蒙古和欧罗巴人种对比

洛普山普拉出土毛织物上的武士像
（局部）

汉（公元前206~220年）

长120、宽48.2厘米

洛浦县山普拉墓地出土

原物被剪断，缝接在一条裤子的下端。出土后，经拼对复原，为一大型艺术壁挂的局部。棕色经线两股合捻，较粗，经密6~8根／厘米，纬密34~36根／厘米。使用24种不同色阶颜色的纬线，用小梭子以"通经断纬"的方法缂挖出图案纹样。图案以一横向晕间条纹为界，上方为织出人首马身的马人，双手持一长管乐器作吹奏状，身披的兽皮向后飘扬；下方是在红色地上，显出手持长矛的武士形象，武士目大、鼻高、唇厚、黑发卷曲垂肩，身着饰花带的红色长衣，腰佩小刀。壁挂织制精细，人物面部肌肉结构缂织得清晰写实，立体感强，具有很高的艺术价值。"马人"是希腊神话中的一个民族，考古发现这一内容的壁挂，在我国还是首次。

龟兹供养人

隋唐（581~907 年）

拜城县克孜尔千佛洞 189 窟（主室
前壁左侧下方现存四身供养人像，这
是其中两身的特写）

克孜尔石窟中有许多这种装束的
供养人像，是典型的龟兹人形象。

弈棋仕女图

唐（618~907 年）

长 67、宽 54.3 厘米

吐鲁番市阿斯塔那墓地 187 号墓出土

为丝质工笔重彩画。图中的贵妇人体态雍容丰满，神态优雅娴静，衣着华丽名贵的丝绸时装，坐在木榻上，凝视着棋盘。伸出右手，用食指和中指夹着一粒棋子，思索着如何落子。表现了贵妇人的悠闲、消遣和弈棋时注意力的集中与神情的投入。反映了唐代贵族妇女的闲逸生活情景。

八王分舍利图

10~13世纪

吉木萨尔县北庭西大寺西配殿西壁

该画的对面台地上安置着世尊涅槃像。画面上方，头戴盔、身服铠甲、手持战旗的八国武士跨战马而来，中央为多卢那手持说法印坐在大象背上。他化解了一场八国争分舍利的战争。整个画面场面宏大，线条流畅豪放，颇有气势。

二、多种语言与文字各显神通

新疆历史上流传的语言文字，呈现出多样性与不断演化、发展的趋势。考古发掘材料证实，这里曾经使用过的语言文字达 24 种之多。其中包括汉文、佉卢文、梵文、焉耆－龟兹文、于阗文、突厥文、粟特文、叙利亚文、希腊文等，有已经消失的"哑语"或"死文字"，也有历经历史筛选、保存或演化而流传下来的近现代民族语言文字，其语种之多、文字之丰富，世界罕见。在西域历史上，曾有 30 多个古代部落或民族在这里不断繁衍生息，使用过的语言达 20 多种。这里多种语言文字并存且相互影响、借鉴。隋、唐、宋代，主要有印欧、汉藏、阿尔泰三大语系的语言，并曾形成短暂的三足鼎立之势。到了元、明、清代，新疆的语言以阿尔泰语系和汉藏语系为主。文字影响比较大的是回鹘文和察合台文。前者是近现代胡都木蒙文、托忒蒙文、满文、锡伯文的源泉，后者是现行维吾尔文、哈萨克文、柯尔克孜文的滥觞。而汉语言文字则是新疆有文字记载以来，唯一贯穿西域历史的语言文字。

佉卢文木牍

东汉（公元 25～220 年）

上页：长 14.6、宽 8.8 厘米

下页：长 21、宽 8.6 厘米

民丰县尼雅遗址出土

佉卢文是记载犍陀罗语的书面语言，公元前 5 世纪起源于犍陀罗（今巴基斯坦国白沙瓦一带），3 世纪左右曾一度东传流行于塔里木盆地许多小国，并成为官方语言。一个多世纪后，这种突如其来的文字又神秘消失，成为死文字。新疆出土的佉卢文书主要发现在当时鄯善国境内的尼雅、楼兰和米兰遗址中，内容包括国王谕令、书信、契约、籍账和佛教文学作品等。主要书写在木质简牍上，简牍有楔形、矩形、长条形等。

粟特文买卖女奴文书

高昌延寿十六年（639年）

长46.5、宽28.4厘米

吐鲁番市阿斯塔那墓地135号墓出土

正反两面均墨书粟特文，正面24行，背面1行。这份契约立于高昌延寿十六年（639年），内容是：石国人乌塔之子沙门乘军，在高昌市场上给康国人突德迦之子六获以高纯度的卑路斯钱120德拉克麦，买下出生于突厥之域的曹国人奴婢优婆遮。内容完整，字体整洁美观，是研究高昌历史和丝绸之路上的经济、民族状况的珍贵资料。

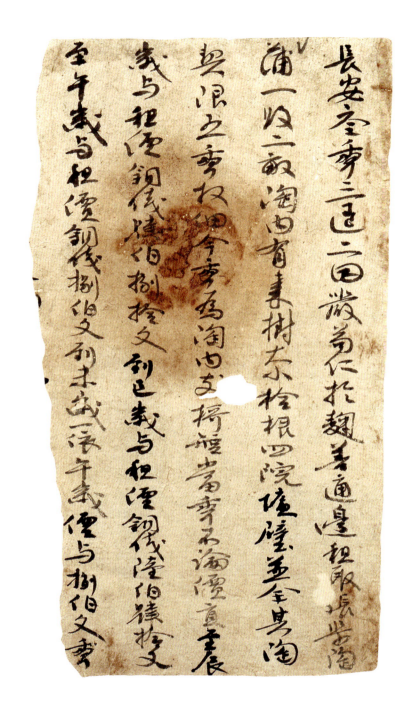

汉文严苟仁租葡萄园契

唐武周长安三年（703年）

长29、宽15.5厘米

吐鲁番市阿斯塔那墓地93号墓出土

契约后部残缺，存文5行，字迹清晰，内容清楚。文中记载唐长安三年严苟仁租赁麴善通两亩葡萄园，租用期为5年，而且规定当年不交租金，第二年交铜钱480文，第三年交640文，第四、五年各交铜钱800文，合计2720文铜钱之事。契约"年"、"月"、"日"等字均为武周新字，内容详细、规范，反映了唐代高昌商品经济的发达和契约制度的完备情况，有很高的学术价值。

焉耆文《弥勒会见记》剧本残叶

唐（618～907年）

长27.5、宽18.5厘米

焉耆县锡克沁佛寺遗址出土

共发现44叶，皆两面墨书焉耆语。出土时叠放在一起，左端遭火焚烧，残损不完整。焉耆语亦称吐火罗语，是用婆罗米字母拼写的古代焉耆语言。而《弥勒会见记》剧本，则是用焉耆语书写的一部大型分幕剧作。剧本内容是，年已120岁的婆罗波婆离梦中受天神启示，想去拜谒释迦牟尼如来佛。但因自己老太龙钟，不能亲身前往，故派其弟子弥勒等16人，代表他谒佛致敬。这是其中的一叶，据目前所知，它是我国最早的剧本。

（正面）

（背面）

吐蕃文木简

唐（618~907 年）

长 18.5、宽 3 厘米

若羌县米兰古城遗址出土

稍残，正反两面均墨书吐蕃文，正面 3 行，背面 2 行。内容是："……论本二人领受：零星农田一突，通颊……好田一块，右茹茹本田一突，门笃……田一突茹玛达一突田附近，茹本农田主渠对面，田一突一并领受。""平坝田一突由益西乔……承受。"从木简上看田与地是有区别的，"突"是田亩的计量单位，而"通颊"则是吐蕃军事行政区划中的一级机构。因而该木简对于研究唐代吐蕃土地制度有着重要的价值。

回鹘文《弥勒会见记》剧本

北宋（960~1127 年）

长 47.5、宽 21.7 厘米

哈密市脱米尔底佛寺遗址出土

文字从左至右用墨笔竖写，每叶书文 30 或 31 行，并在左侧注明品、叶，在第 7～10 行间用淡墨细线勾出直径为 4.6 厘米的小圈，供装订之用，呈梵夹式。

《弥勒会见记》是古代维吾尔佛教剧本雏形，加序文共 28 章，现存前 25 章及序文，共 293 叶。该本是圣月（Āryacandra）由印度语梵文改编成吐火罗语，再由回鹘僧人羯磨师（Karmavācaka）译为回鹘语的。这是其第三章中的 1 张，主要叙述了佛祖释迦牟尼的姨母摩诃波阇波为佛祖做衣服的故事。《弥勒会见记》对于研究古代回鹘人的语言、宗教、戏剧形成史等有很高的学术价值，是珍贵的民族历史文献。

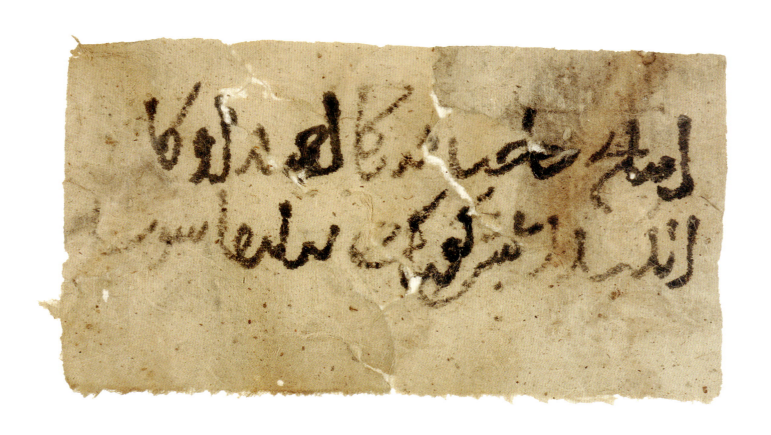

阿拉伯文文书

宋（960~1279 年）

长 14、宽 8 厘米

巴楚县脱库孜萨来遗址出土

　　长方形，硬笔墨书，单面书写，存两行阿拉伯文。阿拉伯文字是一种音位文字，共有 28 个辅音字母，没有元音字母，需要表示时，可在字母上方和下方加符号表示，自右而左书写。字迹清晰，具有一定的书法艺术美感。

回鹘文领铜钱收据

元（1279～1368 年）

长 26.1、宽 18.3 厘米

吐鲁番市高昌故城出土

　　纸质较粗糙，单面墨书 7 行文字，其中 6 行为回鹘文，1 行（两个字）为汉文。根据字体和墨来看，前 5 行字出自一人之手，后 2 行出自另一人之手。字体为半草体，书写得较工整。文书形成的时间、给钱人、领钱人及钱数记录得非常清楚，而且还有一方印章。从用两种文字书写的情况看，说明当时的回鹘人也使用汉文。

三、多种宗教和谐并存

宗教是一种古老而又极具渗透力的文化形式，它的出现对社会各方面都产生着深刻的影响。多种宗教信仰的共存、演变和交融会催生多元的文化形式。新疆作为古代亚欧大陆的主要通道和连接枢纽，是东西方经济、文化传播和交汇的地区，不同的宗教在这里交汇，之后再传播到四面八方。新疆多民族分布的格局也使得这里汇集了世界上多种宗教，呈现出各种宗教和谐并存的局面。多种宗教的传播，丰富了各民族的精神文化生活，并留下了丰厚的文化遗产。透过它们，我们可以了解当时西域各民族精神文化发展的轨迹。

远古时期，新疆的居民不仅崇拜太阳，而且也崇拜动植物，正是这些崇拜构成了新疆原始宗教的主要内容，萨满教的形成发展过程恰好证明了这一点。至今新疆、中原地区都还程度不同地保留着原始萨满教的观念及遗俗。

祆教、佛教、道教、摩尼教、景教相继沿着丝绸之路传入这里，新疆进入了多种宗教并存的状态。

公元前 1 世纪前后，佛教传到了和田一带，魏晋南北朝时达到鼎盛时期，成为新疆地区的主要宗教，新疆由此进入了以佛教为主的多种宗教并存时期。佛寺遍布西域各地，里面生活着庞大的僧侣队伍。和阗、龟兹一带成为西域的佛教中心。在塔里木盆地周边的各绿洲，佛寺林立，僧尼众多，涌现了于阗、疏勒、龟兹、高昌等一批著名的佛教中心。新疆佛教在造像、绘画、音乐、舞蹈、寺院和石窟建筑艺术等方面，都达到了很高的水平，留下了大量珍贵的文化遗产，丰富了我国和世界文化艺术宝库。

9 世纪末 10 世纪初，伊斯兰教经中亚传入新疆南部地区。新疆开始进入佛教和伊斯兰教同为主要宗教的多种宗教并存时期。10 世纪中叶，信仰伊斯兰教的喀喇汗王朝发动了对于阗佛教王国历时 40 余年的宗教战争，于 11 世纪初灭于阗，把伊斯兰教推行到和阗地区。14 世纪中叶，在察合台汗国统治者大力推行伊斯兰教。16 世纪初，伊斯兰教最终取代佛教成为新疆的主要宗教。至此，从伊斯兰教传入新疆以来所形成的南疆以伊斯兰教为主要宗教，北疆以佛教为主要宗教的多种宗教并存的格局，演变为以伊斯兰教为主要宗教的多宗教并存的格局。

伊斯兰教成为维吾尔等民族信仰的主要宗教后，原来主要由这些民族信仰的祆教、摩尼教、景教在新疆随之逐渐消失，但佛教、道教仍然存在。

从明朝起，藏传佛教有了重大发展，16 ~ 20 世纪，新疆形成了以伊斯兰教和藏传佛教为主导的多宗教并存的格局。16 世纪末，游牧于蒙古草原西部的卫拉特蒙古人西迁进入天山以北的准噶尔盆地。在民族分布上形成"南回北准"的格局。卫拉特蒙古人信仰的藏传佛教很快遍布天山以北，与占据天山以南的伊斯兰教平分秋色，形成"南伊北佛（藏）"的格局。

17 世纪后期，伊斯兰教白山派首领阿帕克和卓借助藏传佛教的力量，消灭了自己的政敌黑山派和卓势力，并灭亡了叶尔羌汗国（蒙古察合台汗后代于 1514 ~ 1680 年间以今莎车县为中心建立的地方政权），足见当时藏传佛教势力之大。

历史上，新疆的宗教虽然一直在不断演变，但多种宗教并存的格局却一直保持下来。现在新疆主要有伊斯兰教、佛教（包括藏传佛教）、基督教、天主教、道教等。萨满教在一些民族中仍然有较大影响。

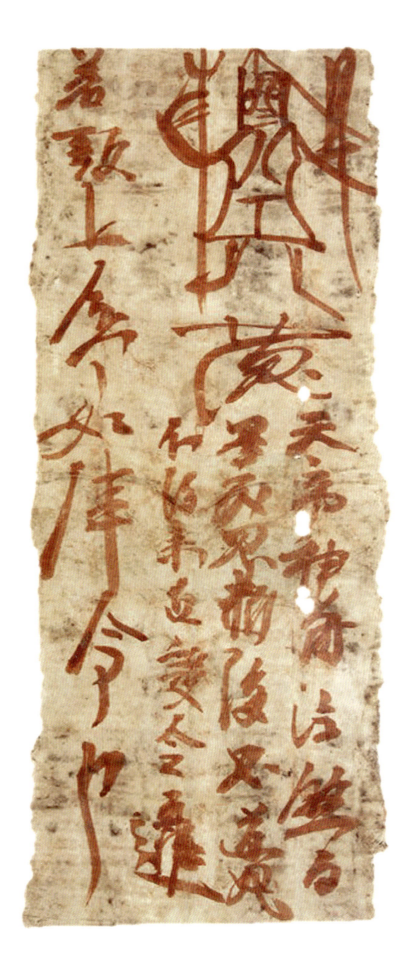

道教符
北朝（420 ～ 589 年）
长 27.8、宽 11 厘米
吐鲁番市阿斯塔那墓地 303 号墓出土

鬼子母失子因缘图
晋～唐（4~8 世纪）
拜城县克孜尔石窟 179 窟

而見經度縣是我殺北如來也形以者何若我
等侍說形成就阿耨吾羅三藐三菩提者火
以大乘而得度脫然我我等求解方便随宜所說
杨聞佛法過便信受思惟取證世尊我從昔来
曾有法斷諸疑悔身意泰然快得安隱今日乃 智
真是佛子従佛口生従法化生得佛法分亦時舍
利弗部重宣此義而說偈言
我聞是法者得所未曾有心懷大歡喜
苦未蒙佛教先於大乘佛音甚希有能除衆生協
我已得漏盡聞亦除憂協我處於山林或在林樹下
若坐若經行常思惟是事鳴呼深自責云何而自欺
我等亦佛子同入无漏法不能於未来演說无上道

妙法蓮花経譬喩品第三

尔時舍利弗踊躍歡喜即起合掌瞻仰尊顏而白佛言今從世尊聞此法音心懷踊躍得未曾有所以何我昔從佛聞如是法見諸善薩護記作佛而我等不預斯事甚自感傷失於如來無量知見⋯⋯世尊我常⋯⋯樹下⋯⋯

《妙法莲华经》抄本残卷（局部）

北朝（420~589 年）

长 197、宽 25 厘米

吐鲁番市安乐古城佛塔遗址出土

抄本分行布局，整齐缜密，经络工整严谨，用笔精劲含蓄，轻重度匀和。这种隶书味很重的楷书，是刚刚从隶书过渡到楷书阶段的抄写本。写本虽无具体的年代，但从书体上看，其时代应是南北朝时期，是当时最为流行的佛教写经之一。

《妙法莲华经》，简称《法华经》，后秦鸠摩罗什译。7 卷 28 品，69000 余字，收录于《大正藏》，为大乘佛教初期经典之一，在中国汉地流传甚广。曾在古印度、尼泊尔等地长期广泛流行，已发现有分布在克仁米尔、尼泊尔和中国新疆、西藏等地的梵文写本 40 余种。这些写本大致可分为尼泊尔体系、克什米尔体系（基尔基特）和新疆体系。

《法华经》由于行文流畅，词藻优美，在佛教思想史、文学史上，具有不朽的价值，是自古以来流布最广的经典。

摩尼教彩绘回鹘文
人物画像纸画
唐末（9世纪）
吐鲁番市高昌故城

高昌故城景教壁画中

教徒欢迎基督入城的情景

唐末（9世纪）

长 70、宽 63 厘米

吐鲁番市高昌故城外景教寺院遗址出土

画面上方残留棕色马的两腿，左边一身有着黑色卷发的男性站立，披一件带褶襞的红色外套，脚蹬黑鞋。左手提黄色香炉，烟雾袅袅上饶；右手托一黑色钵。他的对面有三个人物，前两身为男性，披蓝、棕色翻领外套。后面的女性上穿短襦，下结长裙，披棕色帛。三人均手持一支带叶子的树枝，也许应为橄榄枝。这也说明了当时的高昌地区流行各种宗教，信仰比较自由。

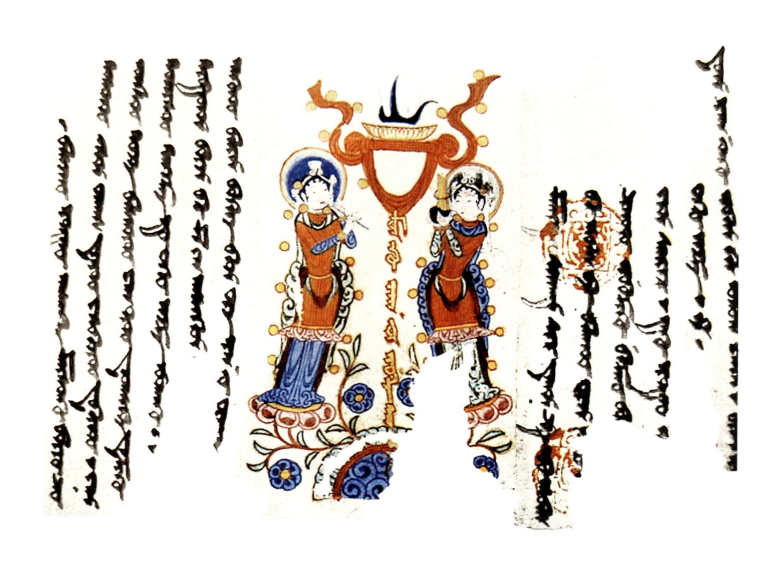

粟特文摩尼教信札（局部）

唐末宋初（10世纪）

长 268、宽 26 厘米

吐鲁番市柏孜克里克石窟出土

墨书粟特文 134 行，钤红色印记，中间有彩色插图，是现知唯一的粟特文摩尼教经卷，对研究摩尼教在中国的传播有着重要的意义。

七个星佛寺壁画上的比丘受教图

唐～宋（618~1279 年）

焉耆县七个星佛寺遗址出土

四、多彩艺术缤纷云集

古代新疆（西域）地处亚洲腹地，这一特殊的地理位置，不仅使之成为沟通欧亚大陆的重要通道，而且也成为世界四大古文明（即黄河流域古代文明、印度河流域古代文明、两河流域古代文明及地中海区域古代文明）的交流荟萃之地。这一地区先后有许多部族或民族聚居生活过，虽然有些经历了兴衰变迁，早已消失在历史长河之路，但他们都为西域文明发展作出了重要的贡献，创造了各自不朽的艺术作品，这就使得这一地区的古代艺术呈现出一幅色彩缤纷、绚丽多姿的画面。

1. 雕塑艺术

雕塑艺术，是人类最古老的艺术类别之一。古代新疆的雕塑艺术主要有木雕、青铜造像、石雕与泥塑等。因新疆气候干燥，这类文物至今保存较好者数量很多，让我们能够一睹古代新疆各民族雕塑艺术的风采。

人像木雕出现时代较早。哈密市五堡、焉布拉克墓地，罗布泊古墓沟，且末县扎滚鲁克等墓地都出土有丰富的木雕文物，大都强调对性别特征的刻画，突出了原始生殖崇拜在艺术方面的反映，风格原始而又古朴。后来，佛教传入，犍陀罗之风灌注，释迦、菩萨、供养人等雕像，造型刚健丰盈，表情丰富，衣纹流畅清晰而有轻薄欲飘之状。吐鲁番市晋唐墓葬出土的木雕俑像、家畜、家禽等，均形象生动，比例准确，雕刻细微精美。其中彩绘木雕中的武士俑、天王俑、马夫俑与仕女俑等都是古代木雕艺术的精品。

石雕与木雕一样，也出现较早，有着强烈的原始崇拜意识。其中发现最多、最有独特艺术风格和特点的是草原石雕人像，往往选取一块扁长形石材，雕凿出最主要的人体特征，形象写实而生动，风格粗犷而古朴，具有长久的艺术魅力，被誉为"草原石人"。主要分布在天山北麓、阿尔泰山南麓、准噶尔盆地周缘，伊犁河、额尔济斯河流域等地。

与木雕、石雕或青铜造像相比，泥塑更能显示出艺术家得心应手的妙技。泥塑文物按其性质可分为两类：佛教艺术塑像与殉葬的世俗俑像。后者只限于吐鲁番市晋唐古墓有出土，这无疑与当时内地汉人移居新疆有关；而前者则随着佛教的传入，受犍陀罗、笈多艺术的影响而进一步发展，体现出精湛的创作水平。和阗早期佛教塑像，巴楚、库车、焉耆佛寺的泥塑，均以其微妙与丰盈、委婉而弹性著称于世。泥塑的创作与绘画有机的结合，使其艺术作品更趋富丽堂皇。吐鲁番市晋唐古墓出土的泥塑大都着色鲜艳，如文吏俑、武士俑、乐舞俑、仕女俑，以及劳动群俑、杂耍百戏俑、十二生肖俑等，都表现出了极高的艺术水平。

另外，新疆青铜造像出现也较早，早期有一些浮雕或圆雕的动物造型出现，青铜造像出现则是随着佛教、摩尼教的传入才不断出现的。不过，伊犁新源县巩乃斯河南岸却有一件战国时期的青铜武士俑出土，这是极为罕见的。

木雕人体像及木雕人面像

青铜时代（约公元前 1800 年）

木雕人体像：高 50 厘米

木雕人面像：高 9 厘米

若羌县小河墓地出土

　　木雕人面像以浮雕的手法，夸张地雕刻出人面五官。在椭圆形涂红的脸上显示突出的眉弓，深陷的眼窝，高耸的大鼻子，露齿的大嘴，在前额和面颊、鼻梁上有毛线绳的装饰，可能是为固定人面雕像所设。其中白色的牙齿是用羽毛的芯管制成，虽然极度夸张，但处理得当，鲜明地表达出人种特征，是一件很珍贵的艺术品。

石雕女人像

青铜时代（约公元前 1800 年）

通高 27.5、肩宽 11 厘米

若羌县古墓沟墓地出土

　　圆雕，雕刻出人的头部和身体部分以及颈部的装饰和腰带，表现出了女性的双乳。

蹲跪铜武士俑

战国时代（公元前 475 ~ 前 221 年）

通高 40.6 厘米

新源县巩乃斯河南岸出土

　　合模浇铸而成，中空。人物头戴勾弯高顶宽沿的大圆帽，袒上身，腰束百褶短裙，赤脚。两腿一跪一蹲式，两手置于大腿或膝上，手作握物状。人物表现得劲健，俨然武士形象。

连体双鸟纹木雕

晋（265 ~ 420 年）

长 13、宽 1.8、高 7.8 厘米

洛浦县山普拉墓地出土

　　由两鸟相背组成，尾羽相接。鸟夸张的喙与粗壮的爪显得十分有力，脑后的长羽垂落至胸，装饰效果很强。山普拉墓地出土的木制品很多，较完整的有 400 余件，主要是生活用品，所用木料多是胡杨木、柳木和沙枣木等。这件木雕用途不详，可能是某器物上的一个部件。

彩绘单峰泥驼俑

唐（618 ~ 907 年）

高 77、长 61.5 厘米

吐鲁番市阿斯塔那墓地 230 号墓出土

彩绘鸡首人身泥俑、
彩绘猪首人身泥俑

唐（618 ~ 907 年）

通高 80、77 厘米

吐鲁番市阿斯塔那墓地 216 号墓出土

　　新疆地区出土大型生肖俑的墓葬，迄今仅此一例。也不同于内地墓葬，集十二生肖俑于一墓，这种现象恐别有含义。此两件生肖俑，形象逼真，衣纹流畅，彩绘精致，别有一番情趣。

彩绘天王踏鬼木俑

唐（618 ～ 907 年）

通高 86 厘米

吐鲁番市阿斯塔那墓地 206 号墓出土

此俑分别雕刻出 30 块大小不等的部位，然后加以粘合（其右足底部留有圆柱形榫头，置入小鬼腹部卯眼）。这种天王俑当是作为墓葬"守护神"置于墓室门外，以保卫墓主人的"安宁"。这类木雕天王踏鬼俑，到目前为止国内仅此一例。

彩绘胡人牵驼木俑

唐（618 ~ 907 年）

通高 56 厘米

吐鲁番市阿斯塔那墓地 206 号墓出土

　　有两件。驼夫深目高鼻，胡须微翘，头戴高耸折沿白毡尖帽，身着绿色和褐色掩襟长袍，足穿高棱黑靴，双手臂抬起，做握绳牵驼状。形态生动，英俊而坚毅，显示了乐观自信的民族性格和旺盛的生命力，是古代"丝绸之路"上中西人民经济文化交流的历史见证。在中原地区出土的一些唐三彩中，也可见到穿这种翻领胡服的人物俑塑。对于尖顶帽唐人刘言史在全唐诗《王中丞宅夜观舞胡腾》中曾有"织成蕃帽虚顶尖"的描述。

　　该俑先分段雕刻，然后胶合成型再施以彩绘。制作技法精巧，艺术风格写实，面部表情富有神韵，整体塑像敷彩协调，完全是真人的模型化。为我们了解和研究古代葬俗、民族服饰、雕塑艺术以及社会形态的变化，提供了宝贵的实物资料。

彩绘劳动妇女泥俑群

唐（618 ~ 907 年）

舂粮女俑：通高 13.5 厘米；推磨女俑：通高 16 厘米；簸粮女俑：通高 10.8 厘米；
擀饼女俑：通高 8.3 厘米；鏊子：通高 3、直径 8 厘米

吐鲁番市阿斯塔那墓地 201 号墓出土

这组从事劳动的妇女形象俑，由四人组成，自左至右依次表现了从舂粮到烙饼
的过程。尤如一组速写，真实而生动地记录了当时这群家庭妇女的劳动情景。

彩绘胡人泥俑

唐（618～907 年）

通高 110 厘米

吐鲁番市阿斯塔那墓地 216 号墓出土

　　为站立式泥质男俑雕塑，头戴黑色幞头，窄额，双目睁大上挑，鼻梁直挺，上唇胡须曲折上翘，下唇顶着上唇内皮，蓄短络腮须，下颌微抬。右手拇指翘，其余四指搭于领口。左手握拳撑在腰部。其形象如同西域民族人体特征。

彩绘"踏谣娘"泥俑
唐（618 ~ 907 年）
高 13 厘米
吐鲁番市阿斯塔那墓地 336 号墓出土

头戴黑色风帽，上身裸露。系双
袢吊肩绿色长裙（类似今天的衬裙），
左臂裸露示裙后已破。右臂曲肘前摆，
左臂后甩，作应节扭动状。此俑从服
装打扮看是女性，但细看面容，唇上
隐现胡髭，却是男性。这个角色显然
是"弄假妇人"，即男扮旦角。与阿
斯塔那墓地 134 号墓出土的戏弄泥俑
恰成一对，联系起来就是唐代流行的
"踏谣娘"剧，或称"苏中郎"（别
名"苏郎中"）。此角色当为"苏郎
中"妻。像这样显示唐代戏剧情节和
角色的泥俑，迄今为国内所仅见。

2. 图案与绘画

（1）图案艺术

新疆出土的古代纺织物种类多、数量大，为全国考古发现之冠。早期毛织物，主要见于吐鲁番、哈密、罗布泊荒原以及且末、民丰、洛浦等地。其种类有粗纱细纱织出的轻薄的"毛罗"、各种几何形花纹的氍毹、花纹绚丽的毛绣和编织的毛毯等。缤纷的色彩、平纹和斜纹以及由此组成的变化的纹样，图案新颖，富有韵律，具有浓郁的西域文化特色，甚至部分还具有明显的希腊、罗马意味。

作为"丝绸之路"的要隘，楼兰、尼雅、阿斯塔那、哈拉和卓、托库孜萨来等遗址出土自战国以至汉唐、宋元各个时代的各种丝绸织物。历代丝绸图案，都具有时代特点。如汉魏时期，花纹均成行排列、循环往复，在变幻的云纹中编织出象征吉祥的瑞兽，且穿插着一些吉祥用语，如"万世如意"、"长寿明光"、"延年益寿"等，代表了鲜明的汉文化特征；南北朝以后，为适应"外销"需要而增加了异国纹样，如"联珠孔雀"、"联珠对羊"、"联珠对鸟"、"联珠对兽"以及"联珠胡王"等以联珠纹样为主的织锦等。唐代的缂线形、双面绢以及出现的印花织物等，纹彩纷繁，表现了我国古代纺织技术的高超艺术水平。

红地三角纹毛绣残片（局部）
青铜时代（约公元前1000年）
长50、宽47厘米
哈密市五堡墓地出土

红色平纹织物。经纬线均为"Z"向加捻，在其上用白、蓝、黄等色线，以锁针法绣单个三角纹并堆砌成以三角纹为基础的几何图案，色彩艳丽，为新疆境内发现较早的刺绣标本。

星条纹毛布残片（局部）

约公元前5世纪

长115厘米

且末县扎滚鲁克墓地14号墓出土

平纹组织织物。经畦纹，以"通经断纬"的缂织方法，显示花纹图案。在一组为三条蓝色条纹间，以棕、蓝、红、黄等色线缂织出八角星纹，图案呈二方连续，极富韵律感。出土时为一死者裙装，腰系有绳带，裙下摆喇叭状，充分显示出人体的曲线美。

动物纹缀织绦裙残片

汉（公元前 206 ~ 220 年）

长 59、宽 38 厘米

洛浦县山普拉墓地 1 号墓出土

缀织绦上部连有红色平纹和斜纹毛布，下接编织绦。缀织绦为绿地、绿、白、红、棕、黄、果绿等色显龙纹。

"五星出东方利中国"锦护膊

东汉（公元 25 ～ 220 年）

护膊长 18.5、宽 12.5 厘米

民丰县尼雅遗址墓地出土

　　护膊呈长方形，有三根黄绢系带，系带长 21 厘米。护膊锦面，白绢里。锦为夹纬经二重平纹组织，蓝地，黄、绿、白、红等色经线显花。图案以动物为主，有孔雀、仙鹤、辟邪、夔龙和虎等祥禽瑞兽。以卷曲的植物蔓藤及两蕾一花作间隔，花纹间织有隶书"五星出东方利中国"铭文。从"五"字后每隔三字有三色的同心圆纹饰。质地厚实，图案纹样华丽流畅。

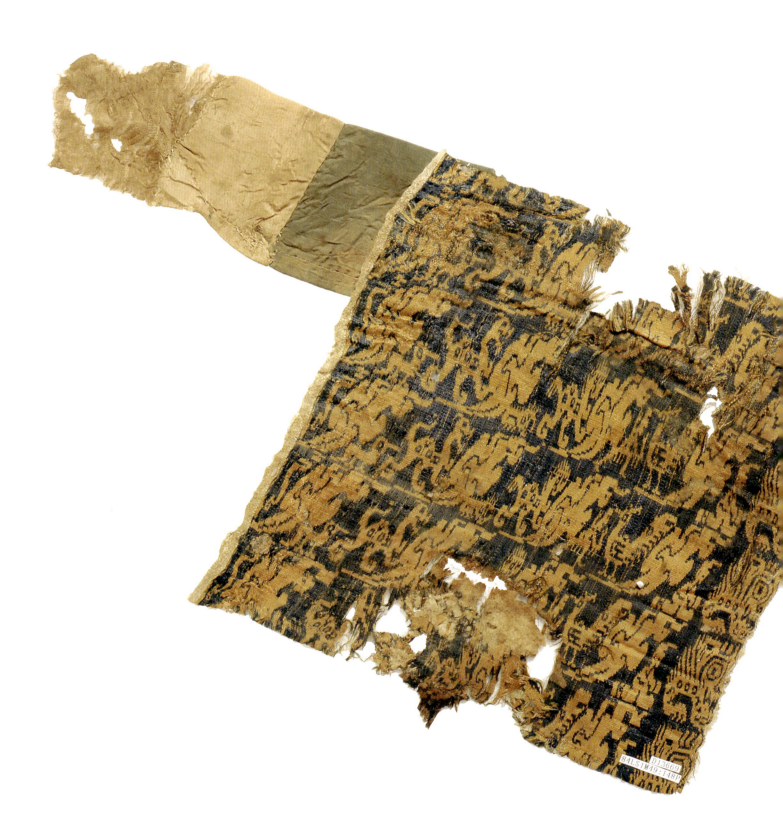

"延年益寿大宜子孙"锦鸡鸣枕

东汉（公元 25 ~ 220 年）

长 50、宽 13.5、高 9 厘米

民丰县尼雅遗址墓地出土

基本完好，局部有血迹。枕由一块"延年益寿大宜子孙"文句锦缝缀，中部是鸡身，两端各有一鸡首。鸡首相背，缝制出了尖嘴、圆眼及冠、细颈等。眼睛由三层圆绢片叠放而成：底为白绢，中上皆为红绢。冠作锯齿状，由天青和白绢组成。枕芯是植物茎杆。

鸟兽纹锦鸡鸣枕

汉（公元前 206 ~ 220 年）

通长 67、织锦长 25 厘米

洛浦县山普拉墓地 49 号墓出土

原物呈长椭圆形，鸡头装饰缺失。保护处理时鸡鸣枕被拆开。枕的两翼由白、绿绢缝制，枕体是蓝地鸟兽纹锦。锦为平纹，经二重组织。两色，蓝地显桔黄色花纹，有人物、凤、鸟、狮、龙和兽面等。

藏青地禽兽纹锦残片

十六国·北凉（304 ~ 439 年）

长 93、宽 24 厘米

吐鲁番市阿斯塔那墓地 177 号墓出土

夹纬经二重平纹组织，彩色分区，每区三色。经显花。藏青地，显缥青、大红、褪红、白等色花纹，色调庄重。花纹分五列，以竖曲波纹为区界，与横贯的灯树、立柱相交，灯树间饰以对称的龙、鸟、鹿、麒麟、孔雀和四足鸟等珍禽瑞兽。纹样繁缛，横向排列，倒、顺循环提花，呈左右对称形式。这一风格织锦始于北朝，属益州锦（蜀锦）。

绿地对鸡对羊灯树纹锦残片

北朝（420～581 年）

长 24、宽 21 厘米

吐鲁番市阿斯塔那墓地 186 号墓出土

保存单面幅边，经锦、夹纬经二重平纹组织。叶绿色地，显大红、白和菊黄纹样。纹样呈横向排列，由两侧向中轴对称布置，残存了一侧的对羊、灯树、对鸡和小株花树等纹样。织锦纹样用色分两种色区：大红、白和菊黄。图案以灯树纹为主，树有台座，塔形枝叶，6 只灯分三层布于树叶间。灯树台座两侧是对跪的大角羊，灯树梢和小株花树间有相对的鸡纹。是以上元灯节火树银花为题的图案花纹，这一风俗北朝已出现，到了隋唐时期更为流行。

联珠纹"胡王"锦残片

北朝（420～581年）

长19.5、宽15厘米

吐鲁番市阿斯塔那墓地18号墓出土

覆面面心。经锦，经二重夹纬平纹组织。黄色地，显红、绿等色花纹。主花为宽带联珠纹圈，内填正、倒相对的两组执鞭牵驼图，"胡王"两字布人与驼之间。牵驼者穿紧袖束腰长衣，驼的双峰间铺以花毯，织出了往来于丝绸之路上的商胡驮队情景。织锦质地厚重，色泽配置甚为浓艳，是为西域兄弟民族或外销专门纺织的锦。

蓝白提花棉织物残片

唐（618～907年）

长31、宽12厘米

巴楚县脱库孜沙来故城遗址出土

通体呈不规则状。以蓝色平织地，用白色棉纱以纬长浮线显花。表面效果非常像刺绣。纹样为变化的几何形图案，织物表面已经磨损、残破。一端为残片，另一端有两个较大的孔洞。中间局部纬浮线保存尚好。此件织物系粗纺棉纱，粗细不匀，具有手工纺捻特征，蓝色色泽较鲜艳。

（2）绘画艺术

新疆是个多民族杂居的地区，因而其绘画艺术也受各种文明的影响，内容丰富，风格多样。新疆古代绘画，主要有古墓室中的壁画、木板画、纸画、绢画和佛教、摩尼教、景教石窟寺壁画等。古墓室绘画受中原影响较大，如阿斯塔那古墓出土的庄园图，就明显具有东汉生活气息和汉画像风格。作为宗教传入的前沿，西域绘画也明显地带有宗教色彩，有些甚至就是宗教舞乐仪式的艺术反映。如作为佛教传入中原的重要前站，新疆佛教石窟寺壁画数量最多、质量最高、内容最丰富，在整个绘画史中占有突出的地位。其他如原始宗教、摩尼教、景教等，也都留下了独有特色的遗迹。

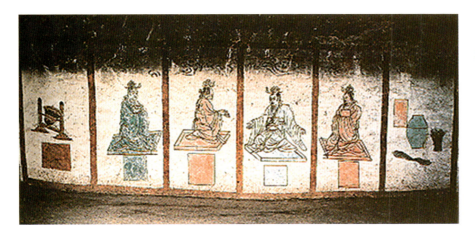

六屏式鉴戒图

唐（618～907 年）

吐鲁番市阿斯塔那墓地 216 号墓出土

通过这幅鉴戒图可以看出，墓主人深受唐代儒家为人处世原则思想的影响。同时，第六屏也暗示出了世俗利禄对墓主人的吸引力。

墓主人生活图

东晋（265～420 年）

长 105、宽 46.2 厘米

吐鲁番市阿斯塔那墓地 13 号墓出土

纸本，由六块小纸拼接而成。画面正中绘垂流苏的覆斗帐，帐下男主人持扇跪坐在木榻上，其身后立一侍女。主图左侧树下绘鞍马和马夫，右侧下部绘婢女和炊事，上部绘田地和家具。画面上方左角绘圆月，右角绘太阳。画面以写实的手法表现了墓主人生前奢华的生活。整幅画面用笔粗放，形象古拙，信手挥洒，画风与河西地区魏晋墓壁画基本一致，内容也反映了东晋时期贵族们骄逸的生活。这是我国目前出土年代最早而且保存完好的一幅纸本画，弥足珍贵。

3. 乐舞艺术

音乐与舞蹈，都是人类最早发展起来的艺术样式。现在，我们已经无法确切把握古代美妙的音乐，但我们还可以从岩画、壁画、布帛图画等上面的舞蹈形象来感知当时的韵律与节奏。

新疆是个多民族杂居的地区，历史上又有许多兴衰变迁，这就使新疆古代乐舞显得异彩纷呈。总体说来，早期是新疆原住民的原始巫术舞蹈，以康家石门子群体舞蹈图为代表。后来随着欧亚大陆交往的日益频繁，西方的希腊、罗马、波斯，南方的印度、吐蕃，东方的汉、突厥、回鹘等，均对其乐舞发展有明显的影响。尤其是佛教、摩尼教、景教的传入与发展，更使其乐舞带有鲜明的宗教特色。

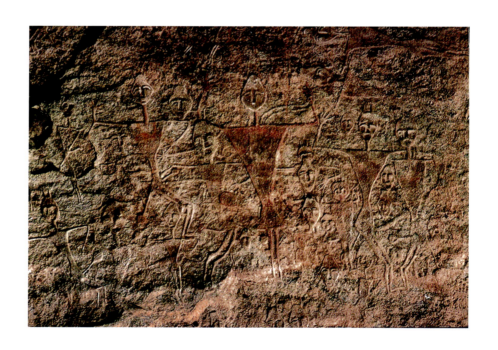

康家石门子群体舞蹈刻画像
青铜时代（约公元前 1800 年）

塞人岩刻画，位于新疆呼图壁县西南 75 公里处的天山之中。距今 3000 多年。石门子岩刻画以表现群体性舞蹈动作为主题，"是国内及世界上罕见的生殖崇拜岩刻画"。

红地对人兽树纹罽袍（局部）

汉晋（公元前 206 ～ 420 年）

长约 120 厘米

尉犁县营盘墓地 15 号墓出土

　　罽袍以红地对人兽树纹罽为面，淡黄色绢为里，交领、右衽，下摆两侧开衩至胯。罽袍左下襟接一片长三角形卷藤花树纹罽，两袖下半部各接一段绦式锦。最引人注目的是对人兽树纹罽，表里两面花纹相同、颜色互异。表面以红色为地黄色显花。纹样对称规整，每一区由六组以石榴枝为中轴两两相对的裸体人物、动物（羊、牛）组成，每一组图案均呈二方连续的形式，横贯终幅。整体纹样体现出古希腊（罗马）、波斯两种文化互相融合的艺术特征。

舞伎图（六扇之一）

唐（618 ~ 907 年）

长 51.5、宽 44.4 厘米

吐鲁番市阿斯塔那墓地 230 号墓出土

　　绢本，设色。出土于张礼臣
（655~702 年）墓中，为随葬的六扇
《舞乐图》屏风画之一。图中舞伎
的脸型清秀，身材修长，细腰，体
现了初唐仕女的审美时尚。设色鲜
丽浓艳，面部运用细腻的晕染技法，
表现了娇嫩的肤色。同时，也反映了
唐代仕女画细密绚丽的风格。

彩绘舞女木俑

唐（618～907年）

通高35.7厘米

吐鲁番市阿斯塔那墓地206号墓出土

女舞俑身材比例适度，面部淡抹胭脂，绘斜红、状靥，眉间额际饰红色花钿，唇点朱。双臂均用纸捻成，插入肩部两侧的小孔内（纸臂绢衣便于表现各种舞蹈动作）。外罩彩色窄袖绢衣，腰系花锦宽带，帔帛绕肩，衣裙曳地，宛若真人。那飘逸凝重的神态，纤若游丝而富有弹性的衣纹，古雅之神韵，引人遐想。这种绘与塑的巧妙结合，具有很强的艺术感染力。它与吐鲁番出土的绢画《舞伎图》中的舞伎装束相似，并互为映照，再现了唐代盛事乐舞的盛况。

乐舞图

唐（618 ~ 907 年）

库车县库木吐喇石窟 73 窟

　　这是一幅唐代经变画的局部。画面上方残留佛坐的莲花，建筑物前面的池中莲花挺立。一舞伎身着盛装，踏脚起舞，使人遐想到昔日的"胡腾舞"。左侧乐队坐毯上伴奏，仅见一人正在吹笙，旁边竖箜篌上的图案、琴弦依然鲜艳清晰。

奏乐婆罗门

回鹘高昌时期（856 ~ 1275 年）

吐鲁番市柏孜克里克石窟 33 窟佛涅槃画像中的局部

　　婆罗门外道闻讯佛涅槃后，欢欣鼓舞。这是奏乐的婆罗门群像。神采各异，造型生动，画面中的乐器有琵琶、竽簧、横笛、铙、鼓等。

第三篇　在丝绸之路的发展中繁荣

　　丝绸之路是古代中国走向世界之路，它是中华民族向全世界展示其伟大创造力和灿烂文明的门户，也是古代中国得以与西方文明交融交汇、共同促进世界文明进程的合璧之路。19世纪，德国地质学家首次将这条最初运输丝绸的交通要道称为"丝绸之路"。自从张骞通西域以后，中国和中亚及欧洲的商业往来迅速增加。通过这条贯穿亚欧的大道，中国的丝、绸、绫、缎、绢等丝制品，源源不断地运向中亚和欧洲。

　　新疆是连接欧亚大陆的纽带和桥梁。自汉代以来，丝绸之路的畅通、中原王朝的管辖和各族人民维护社会安定的努力，使这里的经济文化得到迅速发展。丝绸之路使世界四大古文明在这里碰撞、交汇、融合、创新。新疆各民族就在这种中外经济文化的交流中，在祖国各民族相互协助和共同努力中发展、壮大。

第一章　贯通丝路的经济交流

　　丝绸之路的开拓与发展，自古以来就是东西方双向交流、沟通的客观需求。这种需求最初就是从经济发展开始的。内地很多人来到西域从事贸易，带来了中原的物产，物物交换也将西域的特产带到了内地，让更多内地人了解和认识了西域这片神奇的土地。张骞出使西域后，把西域的棉花、胡麻、蚕豆、西瓜、石榴、苜蓿等带到中原。内地的花生、茄子、白菜、芹菜等也传入西域。西域美玉深受中原人士喜爱。中原丝绸、瓷器、漆器等得到了西域各界青睐。绢马贸易也在中原朝廷和西域之间长期推行。丝绸之路甚至可以说是西域及其沿线地区经济繁荣的生命线。中华文化的伟大魅力，也因丝路经济的交流远播世界。中华文化雄厚的实力和多彩多姿的魅力，同样吸引了西方世界的目光。美丽华贵的丝绸、典雅绚烂的瓷器，乃至造纸、印刷等先进的技术，都通过丝绸之路传到西方。

一、远销的中国丝绸、瓷器与漆器

（一）中国丝绸对丝路沿线及古代西方的影响

　　丝绸，在中国只是众多物产之一，但在西方则把它看作是古老东方国度的文化表征。早在公元前5世纪前后，中国的丝绸就通过亚欧草原向西传播。俄罗斯山地阿尔泰阿克—阿拉赫古墓出土的丝绸服装昭示了这一点。丝绸传入西方，曾经在罗马引起轰动，当时西方人以丝绸之国（赛里斯）来称谓中国，可见丝绸与其他物产的文化含义在西方人眼中是完全不同的。华丽、富足甚至和平——丝绸不仅是中国的写照，同时也寄托了西方人对古老东方的美好想象。中国丝绸贸易对世界经济的影响悠久而深远。

1976~1978年，新疆考古工作者在吐鲁番盆地西缘、天山阿拉沟东口的一座古墓中发现了一件保存良好的凤鸟纹绿色丝线刺绣绢，经鉴定为中原地区的产物，墓葬时间为公元前642±165年。此外，在同一地区的其他墓葬（巴音郭楞蒙古自治州和静县的先秦墓葬）中，也发现出土物中留有中原丝绸的遗迹，这就为我国早期丝绸之路的开创提供了实物证据。

丝绸衬衣
东周（公元前 770 ~ 前 256 年）
俄罗斯山地阿尔泰阿克－阿拉赫
古墓地出土

丝绸残片

汉晋（公元前202～420年）

高加索莫谢瓦亚巴尔卡遗址出土

纹样具典型特色。采用圆圈纹和四叶花纹组合排布的手法，以一圆圈纹为基点，上下左右各排布一四叶花纹。四叶花纹的四角再排布四个圆圈纹。四叶花纹中间的圆圈纹内为生命树纹样，四角的圆圈纹中添置鸟纹。形成构图和内容都很规律的纹样单元。

联珠团花纹锦

唐（618～907年）

吐鲁番市阿斯塔纳墓地出土

织锦以黄色作地，白色织花边缘和部分联珠、蓝、绿色显花纹图案。花纹呈四方连续状。主要花纹为联珠小团花，内填宝照纹。联珠纹是源于波斯萨珊的一种丝绸装饰纹样，典型为联珠圈，圈内添各种纹样。6世纪中期出现在中国，7世纪最盛，8世纪初淡出中国。

（二）瓷器

中国（China）因"瓷"（china）得名，而汉字"瓷"最早则出现在汉代。唐宋以来，中国瓷器受到世界各地的广泛关注，东销日本，西销印度、波斯（今伊朗）以及埃及，而外销的陆路主要是通过"丝绸之路"运往波斯的。据考古发掘，在伊朗的许多城市，包括13世纪毁于战事的繁华城市累伊古城，在这里发现了唐越窑青瓷、邢窑白瓷和南宋龙泉青瓷等。累伊古城是古代"丝绸之路"上的必经之地，这说明至迟在9世纪以前中国瓷器已经由丝绸之路运到伊朗，这些瓷器转道阿拉伯再到欧洲，稀有的中国瓷器被看作是无价之宝珍藏，有的甚至给它镶金镶银。

早在"海上丝绸之路"之前，与欧洲各国的陆路运输也颇为繁忙。元代瓷器在中亚、西亚多有发现，说明瓷器是陆上丝路贸易的重要商品之一。新疆霍城县阿里麻力古城出土的一批中国名窑瓷器，也说明了这一点。

莲瓣纹高足碗
元（1206～1368年）
高9、口径13、足径3.7厘米
霍城县阿里麻力古城出土

青釉，闪黄。侈口，折沿，弧腹壁，空心高足。通体布满细小的开片文，并装饰划纹；内底为单圈纹，腹内壁为卷草纹；腹外壁下端为一周莲瓣纹。

双凤纹高足青花碗

元（1206～1368 年）

高 11.2、口径 15.9、底径 6.5 厘米

霍城县阿里麻力古城出土

（三）漆器

中国古代漆器有着源远流长的演变历史，迄今发现最早的漆器是距今7000 余年的河姆渡文化的髹朱漆木碗，另有距今约 5000 年的良渚文化的嵌玉高柄朱漆杯，距今 4000 年左右的陶寺龙山文化的漆木器。其后历经漫长的发展，髹饰漆器技艺日臻成熟，战国大为勃兴，西汉时趋于极盛。此时器形多样，纹饰繁复，漆胎精致华美，装饰有镶嵌、描绘，漆色多在黑漆地上描绘朱红色漆。在欧亚经济文化交流繁盛之地的新疆地区，极富有中华民族特色的髹饰漆器，也随着丝绸之路西传。新疆地区漆器的出土证明了这一点。

漆篦

汉（公元前 206 ~ 220 年）

高 8.5、宽 7、厚 0.4 厘米

洛浦县山普拉墓地 5 号墓出土

漆篦弧背，以黑漆作地，在黑漆地上髹红、黄云气纹，并在云气纹间点缀黄色圆点，使图案产生云涌气腾的动感。篦背与篦齿间，有长方形框，框内饰三排联珠纹。篦齿细密，共有 61 根。这件漆篦的造型与纹饰在中原楚地区的漆器中可见到，可以推测，这件漆篦是从中原地区传到新疆地区的。

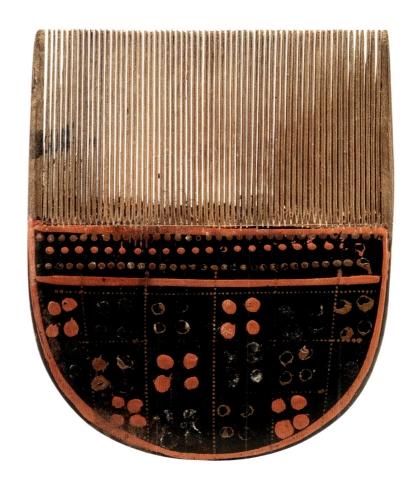

漆盘

北凉（401 ～ 439 年）

长 69、宽 47 厘米

吐鲁番市阿斯塔那墓地 177 号墓出土

二、四方货币汇聚西域

丝绸之路兴盛的首先是经济交流与商业贸易。丝绸之路一直延伸到地中海之滨，中亚、西亚远至欧洲的国际商人陆续来到这里，进行贸易往来与物产交流，使西域贸易经济繁荣起来。关于商业贸易繁荣的证明，莫过于货币文物。从出土的各式货币，证明了新疆地区作为古代欧亚大陆商品集散地与贸易中转站的重要地位。

新疆出土的货币文物，主要有中原货币、自铸货币和外国货币。

（一）中原王朝钱币

新疆发现的中原王朝钱币，自汉至清，朝代衔接，历代皆有，遍布全疆。最早的是西汉半两钱，汉五铢钱数量多，分布地域广。强盛的唐代，中央王朝的钱币则流通于天山南北；繁荣的北宋，其发行的钱币也普遍地在南北疆各遗址中出土。这不仅表明它们是西域的主要通用货币，而且是中原王朝行使主权的象征。

开元通宝
唐（618～907年）
直径 2.5 厘米
吉木萨尔县北庭古城遗址采集

货泉
汉（公元前 206～220 年）
直径 2.2 厘米
木垒县征集

（二）西亚与东欧钱币

与中原王朝钱币多是钱范浇铸的外圆内方的铜币不同，新疆出土的外国古钱币多是打压制成的圆形银币或圆形金币。有的金币在边缘处有一小穿孔，便于穿线携带或装饰佩带。新疆出土的外国古钱币主要有希腊钱币、罗马钱币、波斯钱币、印度钱币和阿拉伯钱币等。

仿东罗马金币
唐（618～907年）
直径 1.6～1.7 厘米
吐鲁番市阿斯塔那墓地出土

波斯萨珊朝银币

波斯萨珊朝（223～651 年）

直径 3.1～3.2 厘米

乌恰县发现

　　银币为圆形，打铸而成，埋藏于 7 世纪后半期，同时出土 947 枚。其中有萨珊朝时期布伦女王和库思老二世与三世等王的钱币和阿拉伯倭马亚朝时代仿萨珊朝的钱币。币面有王像、祭火坛、铭文和压印的各种图案。有的有两个珠圈，有的有三个或四个，珠圈外一般用一些符号作装饰。这批钱币发现表明，在当时萨珊朝与我国之间的贸易往来是非常频繁的，因而对于研究中国和伊朗两国之间的交通贸易史有着重要的历史价值。

阿拉伯仿萨珊朝银币一组

7～9 世纪

直径 3.1 厘米

沙卜尔三世银币

4 世纪

直径 2.7 厘米　4.072 克

吐鲁番市高昌故城出土

布仑女王银币

630 年

直径 3.2 厘米　3.97 克

吐鲁番市阿斯塔那墓地出土

（三）西域自铸币

古代新疆本地铸造的钱币也为数不少。如汉佉二体钱，其上的马驼形象源自波斯；喀喇汗、察合台汗钱的打压铸造法则源自希腊；龟兹五铢、高昌吉利、回鹘钱币、突骑施、红钱等钱的圆形方孔则源自中原王朝。新疆古代的钱币基本上都是在新疆境内流通。

高昌吉利钱

鞠氏高昌时期（499～640年）

直径 2.6 厘米

乌鲁木齐市征集

高昌吉利钱为鞠氏高昌国时期所铸造的一种地方钱币，外圆方孔，铭文为隶体，正面铸有"高昌吉利"四个汉字，背面为素面。钱大而厚重，制作精良。这种钱由于传世极少，故历来受到珍视，对于研究新疆钱币乃至地方货币史有着极其重要的价值。

回鹘文铜币

宋（960～1279年）

直径 1.7 厘米

阜康市征集

喀拉汗朝银币

宋（960～1279年）

直径 2.7～3.3 厘米

墨玉县征集

察合台金币

元（1279～1368年）

直径 2.4 厘米　重 3.6207 克

阜康市天池公社破城子采集

（四）铸有汉文和西域地方文字的钱币

这类钱币，其实是西域自铸钱币中比较特殊的部分。主要有"汉龟二体钱"、"汉佉二体钱"（和阗马钱）。这些钱币的铸制与打压，充分显示了中央政权与西域的紧密联系。

和田马钱

东汉~晋（公元 25 ~ 420 年）

直径 1.8 厘米

墨玉县征集

铜铸无孔、较薄，呈不规则圆形。正面镌有一圆圈，匮内刻有一呈走势之马像，圈外有铭文，但甚模糊。背面因锈蚀字已漫漶。这类钱币有大小两种，大的一面是汉文篆书"重二十四铢"五个字，另一面是马像；小的一面为汉文篆书"六铢钱"三个字，另一面中央为马或骆驼像。两种钱币上均涛有佉卢文。由于这种钱币主要发现于和田地区，纹饰有马或骆驼，铭文为汉文与佉卢文组合而戎，且马像图案者居多，所以称其为"汉佉二体钱"或"和田马钱"。

汉龟二体钱

南北朝（420 ~ 581 年）

直径 1.7 厘米

库车县发现

为龟兹国本地生产、发行和流通的货币。外形仿汉代五铢，圆形方孔，正面铸汉文篆书"五铢"二字，背面铸有龟兹文符号。钱文书法工整，因兼用汉和龟兹文，又称"汉龟二体钱"。

第二章　先进技术的传播

　　丝绸之路的开通促进了东西方文化的双向交流与沟通。中华文化雄厚的实力和多彩多姿的魅力，是吸引西方世界目光的动力和源泉。中原地区的造纸、印刷等先进的技术，都通过丝绸之路传到西方。同时，中央政府在西域驻兵、屯田，促进了商业贸易的繁荣，使中原各种先进的生产技术引入西域。这主要体现在农业的耕作技术、灌溉技术及先进农具的制作、手工业的制陶工艺、养蚕缫丝纺织技术等方面。

一、造纸术与印刷术的传播

（一）造纸术的传播

　　东汉蔡伦改进造纸术，各种树皮纸纷纷问世。蔡伦生产的纸张廉价好使，并随着丝绸之路的畅通很快传到了西域。据统计，仅楼兰地区发现的东汉至魏晋南北朝时期的纸质文书就达 800 多件。

（二）印刷术的传播

　　中国是印刷术的发明地，尤其是活字印刷术的发明推进了世界文化传播的进程。在活字印刷术早期传播过程中，我国西北的敦煌和吐鲁番地区成为迅速应用这一技术进行民族文字印刷的区域。敦煌莫高窟等地

执笔持纸文吏俑

唐（618 ～ 907 年）

高 23.9 厘米

吐鲁番市阿斯塔那墓地 206 号墓出土

　　此俑彩绘泥塑，为文职官吏形象。头梳发髻，身著长袍，施色单调。右手握笔，左肋挟卷成捆的纸。执笔持纸的文吏俑形象地体现了唐代吐鲁番地区文官形象。尤其是其腋下持的卷成捆的纸，使我们得以窥见唐代西州纸张使用的状态。

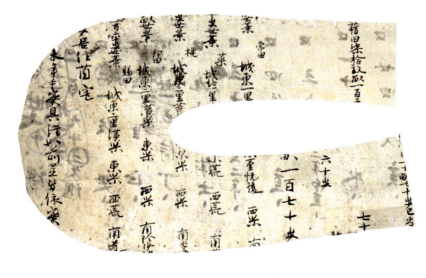

卖舍券

麹氏高昌时期（449 ～ 640 年）

吐鲁番市阿斯塔那墓地出土

出土的千余件回鹘文活字以及数量众多的回鹘文文献证明了这一点。回鹘文木活字是根据回鹘语言和文字的特点对汉字活字印刷术进行改进而成。它蕴含了西方字母形成的基本原理。敦煌回鹘文木活字是现存世界上最早的活字实物，也是现存世界上最早的含有以字母为单位的活字实物。它们的发现说明在我国中原地区发明活字印刷术后不久，这一技术即已传入我国西部地区，在今宁夏、甘肃、新疆等广大地区都得到广泛应用。

二、制陶技术的传播

制陶技术在丝绸之路开通之前就已经在西域开始传播。在新疆境内，东起哈密市、伊吾县，南到塔克拉玛干大沙漠边缘的皮山县，西北至伊犁河流域的昭苏县等地的早期古代遗址和墓葬中，都发现有许多彩陶器。这些彩陶出现的时期，约在距今 3000 年，较中原地区晚，但延续的时期较长，从新石器时代晚期直到西汉时代晚期的古墓中都有发现。新疆东部出土的彩陶，从器形、图案到制作方法，都与甘肃河西的沙井文化有相近之处，受到了甘肃彩陶文化的影响。

古维吾尔文单刻木活字

单耳变体羊形纹彩陶豆

距今约 2800 年

高 14.7、口径 19.2 厘米

哈密市焉不拉克墓地 75 号墓出土

三、农业技术的传播

（一）灌溉、掘井技术的传播

汉朝在西域大兴屯垦，引进内地先进的灌溉技术。新疆各地发现了不少汉代古渠遗址。文献记载，当时各地有保护水渠的"守堤之兵"。掘井技术汉代传入西域，典型的例子是东汉将领耿恭被匈奴人围困断水，耿恭命将士挖井取水，解决了饮水问题。

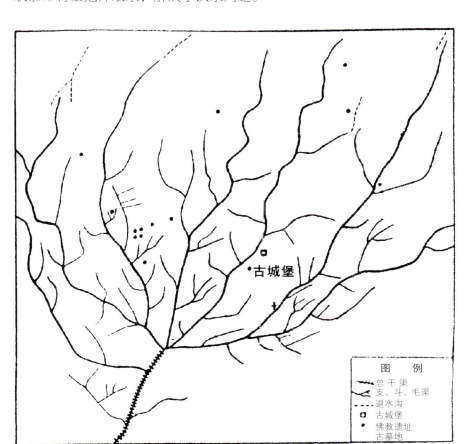

伊循屯田的渠系遗迹图

据《西汉·西域传》载，汉昭帝元凤四年（公元前77年），楼兰国王子尉屠耆被汉朝立为国王，并更国名为鄯善，他请求汉王朝派一将领兵保护，汉廷即派遣司马1名和吏士40人，在土地肥美的伊循一带屯田积谷。其后，又置建都尉府。

伊循是著名的古代西域名城鄯善古国伊循城遗址，位于新疆若羌县东80余公里的米兰农场场部东3公里处。在汉代屯田遗址地区的中心有突布提古城堡，城堡东南角有眺望台，登台眺望，屯田区的景物尽收眼底。在东南方沿着一条宽10～20米，长37公里的引水干渠，分布着16个屯田士卒居住的群落和一个炼铁炉遗址。干渠引水于米兰河，沿线有七条支渠，采用双向灌溉集中分水的方式，灌区面积约4.5万亩。

水渠布局严整，水头控制得法，在至今发现的古灌区中少见。灌区土地上敷有10厘米的沙砾，下面是肥沃的黄土层，其上还保留有当年犁耕的痕迹。

从魏晋到隋唐，伊循一直是屯田的重要垦区和军事重镇。当376年楼兰古城废弃时，伊循屯田戍堡仍很强盛，发达的水利体系，使伊循古灌区面积达4.5万亩，人口达1.5万人。

耿恭在疏勒城内发动将士掘井取水的情景

公元74年冬，耿恭随骑都尉刘张攻破西域的车师国后，被任命为戊己校尉，在金蒲城驻守，多次抵挡匈奴攻击。后考虑到疏勒城旁有涧水，可以固守，便移师疏勒。七月，匈奴强攻不成，断绝城下涧水，试图困死汉军。城中干渴，耿恭于是发动城中居民和将士们一起凿井取水，一连挖了好多天，"于城中穿井十五丈不得水，吏士渴乏"，只好榨马粪而饮其汁。形势危急，耿恭忍不住仰天长叹："闻昔贰师将军拔佩刀刺山，飞泉涌出；今汉德神明，岂有穷哉！"整衣拜井，不久，泉水涌出，汉军士卒高呼万岁。耿恭让部下扬水示匈奴。匈奴以为汉军有神明护佑，只好再次撤兵。这便是著名的"耿恭拜井"。

排除了其中迷信的成分，便是耿恭发动将士掘井取水，并将掘井之术传到了西域。

（二）先进农耕技术的传播

牛耕农业在汉代得到了大力的推广，我国内地发现的汉画像石和墓葬壁画中，普遍有二牛抬杠或者一牛耕犁题材的艺术刻画，说明当时作为一种先进的技术，得到了社会的广泛关注。随着丝绸之路的开通，内地先进的牛耕技术随着屯垦事业的推进而在西域推行。克孜尔石窟壁画中，有当地农民驾驭两头耕牛犁地的图画与中原画像砖所见二牛抬杠图类同。米兰遗址中发现有犁沟的痕迹。新疆发现的佉卢文文书中，也有当地人用犁耕地的记载。罗布泊海头遗址发现的一枚晋代木简上，也有类似的记载。将这些事实联系起来，就可看清中原牛耕技术向西域推广的历程。

二牛抬杠画像砖

东汉（公元 25 ～ 220 年）

陕西省米脂县东汉画像石墓出土

彩绘二牛抬杠图

西晋（265 ～ 316 年）

拜城县克孜尔石窟 175 窟

画面上两头耕牛架着单辕长犁行走在田地中，犁铧宽大，二牛抬杠共一犁，一个农夫一手扶犁，一手高举皮鞭在吆喝着耕牛，真切地反映了西域农民使用牛耕的情景。

四、丝织技术的传播

养蚕缫丝技术传入新疆的时间不迟于我国南北朝时期。玄奘在《大唐西域记》中记载了一个有趣的故事：中国皇帝曾严禁蚕种外传。瞿萨旦那国王请求与中国公主联姻获得了恩准。公主将蚕种藏于帽絮之中带到该国，使该国成为西域唯一能生产丝绸的国家。

这也在考古上得到印证。新疆且末县扎滚鲁克古墓出土的北朝红地狩猎纹锦，就充分说明了当时新疆地区已经掌握了养蚕及丝绸生产技术。到了唐代，中亚地区也有了丝绸生产，粟特人的织锦就极为著名。

到隋唐时期，丝绸工艺达到了一个新的高度。最能体现唐代丝织工艺的就是双面锦和缂丝。双面锦的织法是经线和纬线各自相交织成两层平纹织物。吐鲁番市阿斯塔那墓地就出土有双面锦。

缂丝织法是"通经断纬"，由彩纬显现花纹，以花纹为边界，以满幅透空针孔，悬而视之，犹如万缕晶珠，如雕似镂，被誉为"雕刻了的丝绸"。吐鲁番市阿斯塔那墓地出土的女舞俑身上的缂丝，以及更早时期的汉代楼兰遗址中出土的采用"缂"法织成的毛织物，都足以说明这种独特丝织工艺在中国具有十分悠久的历史。缂丝工艺一般用于制作高级工艺品，身价高昂，大多出现在帝王贵族的生活中。

东国公主传丝故事木版画
晋～唐（265～907 年）
策勒县丹丹乌里克遗址出土

画面中央绘着一位盛装的贵妇，她头戴高冕，两旁有侍女跪坐。其中一位侍女用手指着贵妇的帽子；贵妇的前面有一个装满了形同果实（蚕茧）的篮子；贵妇身后还有两位人物，一位盘腿而坐，据推测应该是公主所嫁的国王，另一位人像身旁有一个多面体的物件（纺车）。整个画面表现的是东国公主将蚕种藏在高冠中带出，把植桑养蚕以及纺织丝绸的技术传到西域的题材。

缂丝带

唐（618～907年）

长 9.3、宽 1 厘米

吐鲁番市阿斯塔纳墓地 206
号墓出土

西亚和中亚文明对中国丝绸纹饰图案的影响也很显著。在新疆民丰县尼雅遗址出土的东汉蓝印花布上，既有印度犍陀罗风格的半裸式菩萨像，又有中国传统龙纹。在尼雅遗址出土的东汉绮，上面则有西域常见的葡萄纹。随着佛教的传入，忍冬纹、莲花纹、联珠对鸟、对狮纹等具有明显波斯萨珊王朝艺术风格的纹饰也逐渐在内地流行起来，在唐代更是大行其道。青海省都兰县就出土过一批唐代文字锦，为波斯婆罗钵文字，意为"王中之王，伟大的、光荣的"，带有明显的异域文化特点。而本身来源于西域在唐代流行的卷草缠枝花卉纹，由于大唐帝国对当时东西方的强大影响力，也跟中国传统服饰被称为"唐服"一样，被特称为"唐草纹"。

人兽葡萄纹绮

汉（公元前 206～220 年）

叙利亚帕米拉博物馆藏

人兽葡萄纹绮

汉（公元前 206～220 年）

民丰县出土

西域种植葡萄历史悠久，葡萄、人、兽纹装饰主题在汉绮上反复出现，表明西域地方文化的因素已开始融入丝绸制作之中。